AF311581

HISTOIRE

DES ÉVÉNEMENS ARRIVÉS

SUR

LA PAROISSE S. SULPICE

PENDANT LA RÉVOLUTION,

PRINCIPALEMENT A L'OCCASION DU SERMENT ECCLESIASTIQUE;

SUIVIE

DE RÉFLEXIONS SUR LA POSITION DU CLERGÉ.

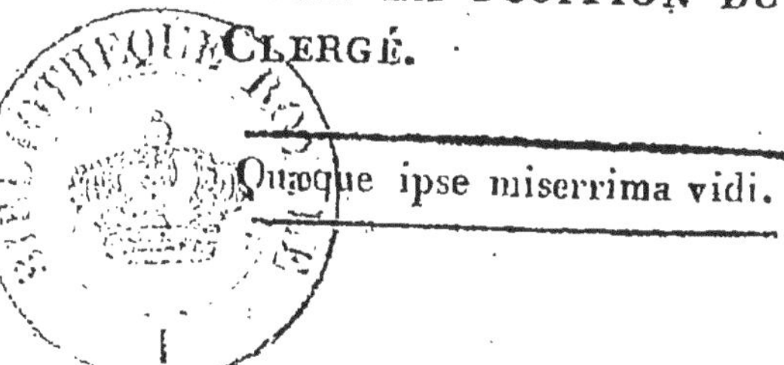

Quæque ipse miserrima vidi.

A PARIS,

DE L'IMPRIMERIE DE CRAPART.

1792.

Le clergé de France a accru son ancienne gloire par la noble fierté avec laquelle il a supporté son expoliation, et sur-tout par la persévérance qu'il a mise dans ses princi-pes. Quatre prélats seulement ont erré. Le nombre des pasteurs, chanoines et autres ecclésiastiques, qui ont cédé aux menaces ou à l'intérêt, ne forme qu'une minorité foible auprès du nombre de ceux dont la conscience et la raison aguerries, ont repoussé le ser-ment.

Il faut avouer néanmoins que dans pres-que toutes les églises paroissiales nombreu-ses, on a vu quelques chûtes et des éclipses plus ou moins étendues. La plus illustre, la plus considérable de toutes, celle qu'on a le plus fortement *travaillée*, la paroisse St. Sulpice à conservé sa pleine intégrité. Tous les soldats, le général à leur tête, ont résisté aux plus violens assauts; et s'ils n'ont pas été vainqueurs, ils ont fait une retraite plus belle que la victoire. Ce qui s'est passé dans une basilique aussi célèbre tient à l'his-

(4)

toiré de la révolution en général, et se lie en particulier à celle du clergé.

Les grandes agitations politiques de ce tems deviendront sous le pinceau du génie, le patrimoine des annales de la France : mais combien d'événemens *secondaires* sans intéresser l'universalité des citoyens , sont néanmoins précieux pour ceux qui en furent les spectateurs ! Les victimes de ces événemens auront en les lisant des souvenirs honorables , et les auteurs de leurs peines sentiront peut-être de tardifs remords.

Ces faits ensevelis sous la masse de tant d'autres accidens de la révolution, ne seroient bientôt plus qu'un songe mal lié. Rassemblés dans un cadre fidèle , ils serviront à répandre quelque jour sur les passions et les vues des acteurs de ce tems , sur la transition de l'ordre ancien à l'ordre nouveau , ainsi que sur la nature des moyens qui ont opéré le remplacement du clergé , l'un des plus étonnans phénomenes de l'histoire et de la religion.

J'ai cru encore qu'à une époque où le vice a tant de prépondérance , et où il est chaque jour plus difficile de travailler au bonheur

d'autrui, il étoit juste, il étoit même indis-
pensable de présenter les nobles qualités de
ceux qui, de leur propre mouvement, et par
un instinct sublime, se livrent encore au
dangereux exercice du bien.

Je ne crains donc pas qu'on dise que les
détails que je vais donner, ne valoient pas
la peine d'être transmis. Certes, on a re-
cueilli des anecdotes bien plus indifférentes.
On a composé des narrations bien moins
propres à présenter des moralités ; et si le
crime à aujourd'hui des panégyristes, la vertu
peut bien avoir ses historiens.

Peut-être un jour le lecteur avide et cou-
rageux fouillant dans l'immense recueil des
ouvrages sur la révolution, portera la main
sur celui-ci ; et son imagination fatiguée de
sang et de meurtres, d'incendies et de pros-
criptions, se déridera au spectacle d'un pasteur persécuté, supérieur par la religion,
aux embûches des méchans et aux ébranle-
mens de l'Empire.

HISTOIRE

DES ÉVENEMENS ARRIVÉS

SUR

LA PAROISSE S. SULPICE

PENDANT LA RÉVOLUTION.

L'A paroisse SAINT SULPICE étoit regardée avant son démembrement comme la plus célèbre de l'église catholique, soit par sa nombreuse population, qui renfermoit plusieurs princes du sang et la principale noblesse du royaume, soit par la splendeur de sa basilique, l'un des chefs-d'œuvres d'architecture de la capitale, soit par la pompe et la majesté des cérémonies, exécutées par plus de deux cents jeunes ecclésiastiques. A cet éclat extérieur, elle joignoit l'avantage plus précieux d'avoir toujours possédé un clergé éminemment distingué par un caractère particulier de décence et de régularité. Ce clergé qui avoit eu dans son sein le grand

(7)

Fénélon, toujours incorruptible et constamment attaché à la vérité dans les querelles de religion, s'étoit soumis par un siècle de vertus, l'estime et la confiance d'un peuple long-tems juste et impartial dans ses jugemens.

Cette église avoit eu aussi pour pasteurs, une longue dynastie d'hommes recommandables par la pureté de la doctrine, le mérite des talens et l'ardeur du zèle apostolique.

M. Olier, élevé à la cure de St. Sulpice en 1642, jetta un grand éclat dans l'église de France, par l'établissement d'une congrégation qui a singulièrement servi à perpétuer l'esprit des mœurs et des sciences ecclésiastiques.

M. Languet, qui avoit l'heureux talent de manier les cœurs et de diriger la piété vers des œuvres utiles, profita des bienfaits de la cour, pour construire l'église de St. Sulpice, et fonder la maison de l'*Enfant Jésus*, dont l'institution sans faste est un modéle de sagesse.

M. de Terssac, animé de l'enthousiasme du bien, dirigea la formation de l'*Hospice* des malades, releva la maison des orphelines qui dépérissoit, fit plusieurs établissemens pour les enfans des deux sexes, et en méditoit de plus étendus, quand la mort l'enleva en 1788, consumé de glorieuses fatigues, et laissant une mémoire chère à ceux qui apprécient sur-tout les intentions.

Avant de mourir, il résigna sa cure à M. l'abbé de Pancemont, non par un mouvement d'inclination particulière, mais guidé par la connoissance qu'il avoit de ses qualités. En effet, M. de Pancemont, possesseur d'un patrimoine avantageux, l'employoit dès sa jeunesse en œuvres de bienfaisance. A l'issue de sa licence, qui fut des plus distinguées, nommé grand vicaire de M. de Marbœuf, évêque d'Autun, il conduisit ce diocèse avec une prudence et une sagacité rares, institua à ses frais une *maison de travail* pour les jeunes filles de la ville, et en extirpa la mendicité.

Transféré à Lyon, il avoit obtenu en peu de mois le suffrage de cette vaste cité, mère des arts. Une sorte de vocation bien marquée sembloit donc l'appeller à la cure de St. Sulpice : aussi sa nomination eut-elle l'approbation générale.

La cure de St. Sulpice est une de ces places où on doit cesser d'exister pour soi-même, et ne plus vivre que pour les autres, où victime volontaire de la religion et de la patrie, il faut leur consacrer tous les instans du jour et bien souvent les heures de la nuit. Ce poste, par la variété et l'étendue des relations, par la surveillance à porter sur une foule d'établissemens, ainsi que par la multiplicité des devoirs ecclésiastiques; ce poste, dis-je, devenoit un des plus importans de l'église, un des plus laborieux de l'état, et tel ministre pouvoit - être plus libre, que ne l'étoit le curé de S. Sulpice.

Moins effrayé de ces travaux que de la responsabilité religieuse qu'il alloit contracter envers un peuple immense, M. l'abbé de Pancemont hésita s'il accepteroit cette place, et il ne s'y détermina que par la perspective du bien qu'il y avoit à faire dans la paroisse St. Sulpice, champ hérissé d'épines, que le cultivateur doit arroser de ses sueurs, mais où il peut faire germer les plus beaux fruits.

M. de Pancemont fut reçu dans sa paroisse avec cette joie et cet empressement qu'on ne sauroit feindre; foible dédommagement des peines qu'il prévoyoit, et surtout de celles qu'il ne prévoyoit pas. Chargé tout à coup d'une vaste administration temporelle, et d'une direction spirituelle plus vaste encore, obligé d'écouter une infinité de personnes qui venoient le consulter, tout cela n'étoit rien auprès des sollicitudes que lui occasionna l'hiver de 1788 à 89.

On se rappelle que le froid devenu excessif, priva de travail, ou de forces pour le travail, un grand nombre de bras. L'été précédent, une grêle désastreuse avoit détruit les riches moissons du nord de la France, le gouvernement dans les pronostics d'une crise terrible, ne pouvoit guere se permettre des sacrifices, et les fortunes privées qui se graduent toujours sur la fortune publique, étoient déja elles-mêmes ébranlées.

S'il est triste pour un pasteur d'être assailli de malheureux, il est plus déchirant encore pour un cœur né sensible, d'être obligé d'étouffer sans cesse les mouvemens qui l'agitent, et de n'avoir à offrir que des plaintes oiseuses ou des secours insuffisans.

Voilà néanmoins qu'elle étoit, dans ces jours de désastre, la position de M. le curé de Saint-Sulpice, à l'égard des vingt-cinq mille pauvres qui, tous avec l'accent du désespoir, lui crioient : «vêtissez-nous, « chauffez-nous, donnez-nous du pain, don- « nez-en à nos femmes et à nos enfans ». M. le curé recueillant son courage, qui ne fut jamais foible pour l'indigence, plaide par-tout sa cause avec courage. Il va de maison en maison, et fait une quête géné- rale avec M. de Verclos, évêque de Ma- riana, son ancien et vertueux ami. Mais le produit de cette quête étant bien inférieur aux besoins, il fallut que M. le curé trouvât dans lui-même, ou chez ses parens, ses amis, tout ce qui manquoit à l'entier sou- lagement des malheureux; et non-seulement il y dépensa le revenu de sa place, mais il alla jusqu'à prendre des engagemens sur sa fortune.

Il faisoit distribuer du pain, du ris, de la viande, du bois, des vêtemens, des couvertures, des lits, du linge, et jusqu'à des instrumens de travail. Persuadé que la dis- tribution des secours est vicieuse, si elle n'est éclairée et calculée sur l'échelle des besoins, il avoit fait dresser un *tableau général* de toutes les familles pauvres de sa paroisse, avec les noms des individus, leur âge, demeure, profession, et le nombre de leurs enfans.

Des registres, toute cette ingrate nomen-

clature étoit passée dans la mémoire de M.
le curé, et il connoissoit tous les membres
de son troupeau. Dans ses audiences jour-
nalières, qui étoient souvent de cinq ou six
heures, il entretenoit les pauvres de leur
situation intérieure, les étonnoit par les
détails qu'il leur en donnoit lui-même, et
les renvoyoit toujours plus contens. Mais
il n'attendoit pas que l'infortune vînt le solliciter, il savoit la prévenir. Souvent un
malheureux, gîté dans un quatrième, où
il invoquoit la mort comme le dernier bien-
fait des cieux, recevoit tout-à-coup la visite
d'un ecclésiastique ou d'une sœur de charité, et se réconcilioit avec la vie.

L'hiver de 1790 fut moins rigoureux, mais
plus difficile que le précédent. Les ressources
étoient presque éteintes par les dépenses
déja faites, par les engagemens, les antici-
pations auxquelles on avoit été entraîné, et
sur-tout par la diminution des fortunes, déja
frappées des reformes de la révolution. Le
revenu même de la cure de Saint-Sulpice
étoit considérablement diminué par la ré-
duction du casuel. Tout conspiroit à étendre
le domaine de l'infortune et à supprimer
les secours.

Mais c'étoit dans ces momens de pénurie
universelle, que M. le curé se montroit fé-
cond comme la providence. Il réduisit la
dépense de sa maison et le nombre de ses
domestiques. Il sollicita les bienfaits de la
famille royale, des princes du sang. M. le
prince de Condé lui envoya, à cette occa-

sion, cent louis. Dans ses prônes il faisoit ses paroissiens confidens de ses peines, leur rendoit compte de ce qu'il recevoit, de ce qu'il donnoit, de ce qu'il ne pouvoit donner; et c'est après ces communications qu'on voyoit les assistans attendris, luttant de générosité, se dépouiller de tout ce qu'ils portoient, pour le verser dans les mains du père des pauvres.

M. le curé écrivit dans le même tems à ses paroissiens la circulaire suivante :

« Nous commençons, M... à entrer dans
« un hiver, qui nous présage une très-
« grande misère. Le défaut de travail dans
« toute les professions, la multiplicité des
« domestiques de l'un et l'autre sexe qui
« ont éprouvé des réformes, l'absence d'un
« très-grand nombre de riches, la suspen-
« sion des dépenses de luxe, l'interruption
« du commerce, l'impossibilité de trouver
« aux vieillards un asyle dans les hôpitaux
« qui regorgent ; tant de maux réunis m'af-
« fligent et me désolent.

« Il est de mon devoir, et encore plus
« du besoin de mon cœur, d'être la conso-
« lation et la ressource des malheureux,
« devenu à leur égard une seconde provi-
« dence. Je sais qu'un concours fâcheux
« de circonstances ne vous permet pas les
« sacrifices possibles en tout autre tems.
« Aussi ma prière se borne-t-elle à vous
« demander les secours qui sont en mesure
« de votre position. La plus légère offrande

« vous assurera des droits à ma reconnois-
« sance. Je suis, etc. ».

Cette lettre produisit les plus heureux
effets, et excita les personnes sensibles à
de généreux efforts; mais M. de Vilette,
qui voit et pense rarement comme les autres hommes, y fit cette réponse insérée
dans les papiers publics :

« M. LE CURÉ,

« La lettre pastorale que vous me faites
« l'honneur de m'adresser est d'autant plus
« méritoire, qu'elle exprime les sentimens
« de toutes les personnes honnêtes. Mais
« aujourd'hui la bienfaisance remplace émi-
« nemment l'ancienne charité.

« La patrie qui est sœur de la religion,
« vient au secours de vos bonnes œuvres,
« et ce qui aide encore à diminuer votre
« sollicitude évangélique, chaque district
« est une nouvelle confrairie, où les pau-
« vres comme les riches se trouvent enrôlés
« connus. Le comité *des petits Augustins*
« vient de donner à ma femme le dépar-
« tement des Aumônes, et c'est, les larmes
« aux yeux, que deux fois la semaine, elle
« remplit ces honorables fonctions.

« Maintenant que les pauvres sont ci-
« toyens, on auroit honte pour les nourrir
« d'attendre tout des ames pieuses. L'état
« ne forme plus qu'une famille, et votre
« ministère va se borner à l'exhortation et
« à la paix. La nation qui vient de re-
« couvrer les biens du clergé, soulagera

« les pauvres. Ce n'est plus vous, M. le
« curé, c'est elle qui va devenir pour les
« indigens une seconde providence.

« Ainsi trouvez bon que je m'acquitte
« moi-même de cette dette quotidienne et
« sacrée : il est si doux de voir le visage
« des heureux que l'on fait ! Celui qui re-
« çoit nous fait jouir d'un plaisir secret,
« où il entre quelque chose de divin, et
« que je suis tenté de vous envier. On
« est assez payé parce que l'on donne, et
« le malheureux pourroit vous dire :

  « Doit-on de la reconnoissance
  « Pour les plaisirs que vous prenez » ?

Nous ne présumons pas que M. le curé
répliqua à cette lettre de M. de Vilette ;
mais voici qu'elle eût pu être sa réponse :

« La bienfaisance dont vous parlez tant,
monsieur, remplace bien foiblement la charité. Que de malheureux errans sans secours,
attestent la stérilité de cette bienfaisance !

Vous dites *l'ancienne charité*, comme
si elle n'existoit pas, et qu'elle eût été supprimée par quelque décret. Il est vrai que
l'envahissement des biens du clergé et la
ruine de beaucoup de familles dépouillées ,
mettent un grand obstacle à l'exercice de
la charité ; mais elle n'est pas pour cela
éteinte, et elle se manifeste par les plus
petits secours, comme par les plus magni-
fiques largesses. Elle ne périra qu'avec l'évangile qui lui a donné le jour.

Vous dites la patrie *sœur de la reli-*

gion. Celle-ci n'a pas à se louer d'une sœur qui lui a enlevé jusqu'à sa légitime, et lui conteste même une *pension alimentaire*.

La confrairie du district n'est pas nombreuse en gens riches :. bien peu malheureusement ont voulu s'y inscrire : aussi les secours des districts, envers les pauvres, ne sont pas des plus abondans.

Madame de Vilette peut s'occuper des pauvres deux fois la semaine ; un curé s'en occupe tous les jours, et à tous les instans, sous peine de prévarication.

Mes fonctions, quoi que vous en disiez, ne seront jamais réduites à l'exhortation et à la paix : car, ministre d'une religion si bienfaisante, j'embrasse, par devoir, tous les genres de bonnes œuvres.

Je souhaite que la nation acquitte les charges du clergé, dont la principale étoit le soutien des pauvres : l'humanité et la prudence la pressent de s'en occuper sans retard. Les brigands qui assassinent dans les provinces, ainsi que plusieurs des héros Marseillois, ne sont que des pauvres négligés, et vivant de crimes par désespoir.

Vous paroissez vouloir vous acquitter vous même de la *dette quotidienne et sacrée de l'aumône*, j'y applaudis : mais je crois qu'au lieu de donner pour *voir le visage des heureux* que vous faites, et *pour jouir d'un plaisir secret*, vous pourriez joindre à ces motifs suspects d'un égoïsme peu patriotique, les vues de la religion et de la morale. Autrement le malheureux vous répondroit à vous-même ce que que vous me dites:

Doit-on de la reconnoissance
Pour les plaisirs que vous prenez?

Et alors seroit brisé ce lien sublime que la prodivence avoit établi entre la richesse et l'infortune : cette connexion touchante qui unissoit deux grandes classes de la société, se trouveroit anéantie, sans que l'ordre public et la nation y gagnassent en aucune manière ».

Au reste, quand M. et Made. de Vilette auront suivi quelque tems les détails de l'administration des pauvres, ils se convaincront que cette occupation n'est pas sans épines, sans secrets dégoûts, et, que si elle a *quelque chose de divin*, c'est plutôt par l'élévation des motifs qu'on y joint, que par les satisfactions personnelles qu'on en retire.

En effet, s'il est consolant de soulager les *bons pauvres*, c'est-à-dire, céux qui sont modestes, doux et raisonnables ; il est quelquefois bien repoussant de traiter avec ceux qu'on appelle *mauvais pauvres*, et dont la classe est nombreuse. Livrés souvent à tous les vices, inquiets, murmurateurs, indociles ; ils solliciteront avec une opiniâtreté grossière : insultant aux soins qu'on a pour eux, ils pourront aller jusqu'à les calomnier, et devenir les ennemis acharnés de leurs bienfaiteurs, dans qui ils ne voient plus que des distributeurs forcés des dons de la providence. On frissonne en songeant que *Saint Lazare*, qui nourrissoit journellement plus

de

de cinq cents pauvres , a été détruit, sac-
cagé par les bras de ces mêmes pauvres.

J'ai vu cette maison , trois jours après
sa dévastation , et je ne crois pas que le
génie des Goths et des Vandales, brisans les
monumens de l'Italie, ait jamais rien fait
de supérieur.

M. le curé de Saint-Sulpice faisoit faire
d'abondantes distributions de pain à tous
les pauvres qui se présentoient, persuadé
qu'il ne faut pas de parcimonie pour le
premier besoin de la nature. Un pauvre
va se plaindre au district des Carmes que
ce pain est *empoisonné* , et en présente un
qui jettoit une odeur fade et repoussante.
Déja une voix s'écrioit : « Quelle horreur!
« il faut mander sur-le-champ M. le curé ».
Un autre plus modéré dit : « ouvrons ce
« pain ». On l'ouvre. L'intérieur se trouve
rempli d'un suif corrompu, qu'on y avoit
fait couler par une fente; et le pauvre pressé,
déconcerté, avoue que c'est par malice qu'il
a gâté ce pain........

Les grands ont sur-tout éprouvé dans ces
derniers tems l'ingratitude du peuple. Les
aumônes de Saint-Sulpice qui, année com-
mune, pouvoient aller à près de cent
mille livres, étoient sans doute le produit
des offrandes de tous les habitans, mais
provenoient principalement des largesses de
ces grands qu'on a dit les *tyrans du peu-*
ple , tandis qu'ils mettoient au nombre de
leurs plus doux plaisirs , celui de le secourir

avec une sorte de magnificence, et souvent s'imposoient pour lui des privations réelles : car ce qu'ils donnent n'est pas toujours *un inutile superflu*, comme se l'imaginent quelques personnes : il est pris aussi sur des objets devenus de première nécessité par les habitudes de la vie, ou les convenances du rang.

Vous, qui si long-tems avez prodigué vos largesses au peuple, vos actions ne périront pas en entier; elles ne resteront pas toutes ensevelies sous les débris de la révolution, et les gens honnêtes se transmettront long-tems le souvenir de tout le bien qu'ont fait, sur la paroisse Saint-Sulpice, tant de personnes distinguées par leur rang et leur vertu.

Ames généreuses et sublimes, que le peuple, en sachant ce qu'il vous doit, rougisse de ce qu'il a fait. Il a pu, ce peuple égaré, révoquer sa reconnoissance; mais ce n'étoit pas de lui que vous attendiez votre satisfaction, et un plus noble espoir animoit vos bienfaits.

M. le curé de Saint-Sulpice ne put se soustraire lui-même à cette ingratitude, compagne habituelle de la révolution : il l'éprouva, la sentit, mais ne ralentit pas ses soins pour le peuple. Il forma ou soutint divers établissemens, tels que des écoles de filature et de broderie. Il établit des salles de couture qui renfermoient plus de huit cents personnes, et obtint de la municipalité de faire ouvrager différentes fournitures pour la garde nationale. Il donna alors une preuve des sacrifices qu'il savoit faire au bien public; car quoiqu'il perdît beaucoup dans cette entreprise par des infidélités non prévues, il la conduisit à son terme, en faveur des ouvrières qu'il avoit rassemblées.

Les malades n'excitoient pas moins sa vigilance, et les secours leur furent administrés avec plus d'étendue, de soins et d'attention qu'ils ne l'avoient jamais été. L'hôpital destiné aux malades de la paroisse Saint-Sulpice, appellé *l'hospice*, fut porté par de nouveaux réglemens à un degré d'ordre et de perfection qui faisoit le bonheur de ceux qui en étoient l'objet.

Les détails de toute l'administration de charité de Saint-Sulpice étoient dirigés par M. l'abbé Dupré, vicaire des pauvres, et son intelligence, sa sensibilité, sa vertu secondèrent toujours puissamment les vues de M. le curé.

La paroisse Saint-Sulpice devoit être choisie souvent pour des cérémonies relatives au nouvel ordre de choses. M. le curé fit la bénédiction des drapeaux de divers bataillons. Dans ces occasions il rappelloit aux soldats de la patrie le serment de défendre le roi, la loi, les personnes et les propriétés.

M. l'évêque de Rhodez (Colbert) officia lors de la bénédiction des drapeaux du gros Caillou, et l'abbé Goutte débita en chaire les Aphorismes de la liberté. Dans un des

bas côtés de l'église, s'élevoit un amphi-
théatre sur lequel étoient placés les musi-
ciens et les chanteuses de l'opéra qui exécutèrent la messe en grande symphonie.

Dans une autre messe que fit célébrer le
district des petits Augustins, un avocat
monta en chaire, et annonçant que son frère
ecclésiastique, qui devoit prononcer un discours, en étoit empêché *par la fièvre*, il
se chargea de lire son travail : cette tour-
nure n'étoit qu'une feinte, et l'avocat qui
avoit seul composé cette pièce, oublia les
convenances oratoires jusqu'à louer Voltaire,
comme auteur des bienfaits de la révolution,
dans une église où il n'avoit pu obtenir des
obsèques.

M. le curé se plaignit vivement de cette
violation de la chaire de vérité. Le district
lui envoya une députation, chargée de ses
regrets, et en même-tems condamna au
blâme le panégyriste de Voltaire.

On desira faire célébrer un service so-
lemnel pour le repos des François tués au
siége de la Bastille. Quoique la conduite de
ces citoyens eût pu être envisagée sous des
aspects très divers, néanmoins M. le curé
voulut bien s'y prêter, parce qu'un service
pour des morts, étoit dans l'ordre de la
miséricorde chrétienne; mais ce qui n'étoit
pas dans l'ordre de la raison, c'étoit de faire
de ces malheureuses victimes, des Turennes
morts au champ d'honneur, et c'est l'exa-
gération à laquelle se porta l'orateur, au-

mônier de la garde nationale parisienne. Cette messe fut chantée dans l'église de Saint - Sulpice , par les seuls religieux de Saint-Dominique.

La garde nationale, d'ailleurs si estimable sous tant de rapports, et si utile à la sûreté du roi et des particuliers, éblouie alors par l'illusion d'une existence nouvelle, ne croyoit pas qu'ont pût rendre de trop grands honneurs à ses membres défunts. On enterroit le caporal, le sergent de bataillon, le simple fusilier, avec toute la pompe militaire réservée aux maréchaux de France. Les officiers, les soldats mêmes traçoient arbitrairement la marche de ces convois funèbres, sans songer que, dans une cérémonie religieuse, ce droit appartient au clergé. La garde nationale faisoit de gaieté de cœur des circuits sans fin , et si les ecclésiastiques fatigués de ces évolutions bizarres, paroissoient en murmurer , on leur présentoit des bayonnettes menaçantes, en y joignant des propos énergiques, qu'on ne peut répéter.

M. *Pape*, pâtissier, et inscrit dans la garde nationale, meurt......Comme il exerçoit son art avec succès, et qu'il avoit fait souvent goûter à ses frères d'armes , ses excellentes productions, ils voulurent acquitter leur reconnoissance, par un convoi militaire *distingué*, c'est-à-dire, très-long. Jugeant la rue des Cannettes où étoit le défunt trop proche de la paroisse, ils remontèrent jusqu'au

Théatre françois, et après un immense détour, ils s'acheminèrent à regret vers St.-Sulpice, où furent déposées les cendres du sieur Pape.

Malgré son desir de vivre en bonne intelligence avec tous ces nouveaux corps militaires, M. le curé fut forcé dans une occasion d'aller chez M. de Lafayette lui porter plainte contre un détachement de gardes nationales qui avoit délicieusement prolongé l'enterrement d'un des siens, depuis sept heures du soir jusqu'à dix, et invectivé durant toute la marche contre le clergé. M. de Lafayette exigea des officiers du détachement qu'ils allassent faire des excuses à M. le curé.

Tandis qu'on prodiguoit ainsi les honneurs aux citoyens les plus ignorés, on ne pouvoit sans aigrir l'orgueil du peuple et léser sa souveraineté, faire même ce qu'un ancien usage avoit consacré, comme de tendre l'église en noir, ou de placer le dais sur le cercueil des grands. L'aristocratie a été accusée d'aimer les distinctions; il faut convenir que la démocratie sa rivale n'y est nullement indifférente. A la première époque de la liberté, les bourgeois et artisans enflés *de leur victoire sur le despotisme*, s'arrogeoient tous les droits, s'ornoient de toutes les prérogatives : on croyoit être à ces tems, où dans les travestissemens d'une folle gaieté, les valets prennent le masque des rois, les soldats l'uniforme de général, et la jeunesse libertine le grave costume des magistrats.

MAIS LE CARNAVAL FINIT..... chacun quitte son masque et reprend son métier.

Toutes les fonctions ecclésiastiques étoient également troublées , et les droits de la jurisdiction méconnus. On ne vouloit plus s'adresser aux grands vicaires pour les dispenses. Des canons des conciles et des statuts synodaux défendent d'admettre au sacrement de mariage les comédiens , comme pécheurs publics et frappés d'excommunication. Le sieur *Talma* , comédien du théatre françois veut se marier ; M. le curé de S. Sulpice lui oppose les loix canoniques , et lui déclare qu'il ne peut lui conférer le mariage, s'il n'abjure publiquement sa profession de *comédien*. Le sieur Talma répond que l'assemblée ayant accordé aux acteurs tous les droits de la vie civile , on ne peut leur refuser le plus important de tous, le mariage. M. le curé replique que l'assemblée nationale a accordé aux protestans les mêmes droits, et qu'il n'est pas pour cela tenu à les marier. Requête du sieur Talma à l'assemblée nationale contre le refus de M. le curé. Renvoi au comité ecclésiastique : rapport fait à l'assemblée, elle déclare qu'il n'y a pas lieu à délibérer , n'ayant encore rien changé à la jurisprudence canonique sur le fait en question.

L'auteur trop fameux des révolutions du Brabant, *Camille Desmoulins* , se présente aussi à M. le curé pour être marié : il étoit accompagné d'un notaire chargé d'écrire toutes les questions et toutes les difficultés qui lui seroient faites. M. le curé demanda au sieur Camille s'il étoit catholique.-- Pourquoi Mr., me faites-vous cette question ? repond Camille.-- Je vous fais cette question, parce que si vous n'étiez pas catholique, je ne pourrois vous conférer un sacrement de la religion catholique. -- Eh ! bien, oui, je suis catholique. Non, Mr. vous ne l'êtes pas, puisque vous avez dit dans un de vos numéros, que *la religion de Mahomet étoit tout aussi évidente pour vous que celle de J. C.* Vous lisez donc mes numéros -- quelquefois --vous ne voulez donc pas absolument, M. le curé, me marier --- Non, Mr., je ne le puis jusqu'à ce que vous fassiez une profession de foi publique de la religion catholique.-- Je m'adresserai au comité ecclésiastique pour savoir si ce que j'ai écrit, suffit pour que vous mettiez obstacle à mon mariage.

Le notaire venu avec le sieur Camille avoit écrit toutes les reponses de M. le curé : elles sont portées au comité ecclésiastique, et Mirabeau remet à son ami Desmoulins, une décision par laquelle il établit qu'on ne peut juger de la croyance, que sur la profession de foi extérieure ; que le sieur Desmoulins se disant catholique, doit être reconnu pour tel, et que M. le curé de St. Sulpice est tenu de le marier sans retard.

Le sieur Desmoulins apporte la consultation de Mirabeau à M. le curé, qui lui dit :

« Depuis quand Mirabeau est-il un pere de
» l'église ? » -- Ah! Ah ! répond Camille,
Mirabeau *pere de l'église*, je lui dirai cela,
cela le fera rire. -- Je ne puis, Mr. déférer à
une consultation qui d'ailleurs vous condamne :
car je ne prétends vous juger que sur votre
profession de foi extérieure, sur ce que vous
avez imprimé. J'exige donc qu'avant de vous
marier, vous rétractiez les impiétés que vous
avez dites dans vos numéros. -- Je ne compte
pas faire de nouveau numéro avant mon mariage. -- Ce sera donc après, -- Je le promets.
-- J'exige de plus que vous remplissiez tous
les devoirs prescrits, quand on se marie, et
que vous vous confessiez. -- Volontiers, M. le
curé, et ce sera à vous-même.

A ces conditions le sieur Camille fut marié ayant pour témoins Pétion, Robertspierre,
et M. de Montesquiou, ci-devant *premier
écuyer de Monsieur*. Mirabeau ne put s'y
trouver, ainsi qu'il l'avoit promis. -- M. le
curé fit aux époux une courte exhortation,
pendant laquelle le sieur Desmoulins fondoit
en larmes. Robertspierre lui dit : *ne pleure
donc pas, hypocrite.* Ces pleurs n'étoient
pas en effet bien sincères, le sieur Desmoulins ne se rétracta pas dans un de ses numéros, comme il en avoit donné parole, et
continua ses licences contre la religion.

Au reste, M. le curé n'en avoit pas moins
rempli son devoir avec cette fermeté, que
l'on doit opposer aux contempteurs de la
religion, jusqu'à ce qu'ils inclinent devant

elle leur tête altière, et lui aient rendu l'hommage que lui doit tout mortel. Ce zèle de M. le curé se portoit sur toutes les parties du culte. Malgré le désordre des tems, la dignité et la pompe des offices divins furent toujours maintenues à St. Sulpice sans altération. L'encens ne cessa point de fumer sur les autels, quoiqu'on l'eût supprimé dans quelques paroisses où l'on croyoit trop honorer le Très-Haut.

Un décret ayant ordonné le transport à la Monnoie de l'argenterie inutile des églises, M. le curé obtint de M. Necker, alors ministre des finances, la conservation de la statue de la vierge, morceau précieux aux arts, et plus encore à la piété, qui s'alarmoit vivement de sa perte.

A l'innovation qui a caractérisé tous les pas de la révolution, s'est joint trop souvent l'usurpation. Les districts non contens d'avoir saisi l'exercice de la police, et d'une partie du civil, voulurent attirer à eux des fonctions, des objets attribués jusqu'à ce jour aux curés, tels que *les quêtes*, et l'application des aumônes fondées. Ils exigeoient que M. le curé de St. Sulpice leur rendît ses comptes sous le pacifique prétexte de s'entendre avec lui, et de ne pas faire de double emploi : mais on sent qu'il lui étoit difficile d'avoir des communications bien intimes, et d'être en harmonie avec des corps laïques, qui alloient jusqu'à lui contester la confiance de ses paroissiens.

En effet , les comités de bienfaisance des districts faisoient faire des quêtes fréquentes dans toutes les parties de leur arrondissement et jusques dans les églises. Quel a été l'emploi de ces collectes ? La calomnie a dit que cet argent détourné le plus souvent de son objet , avoit été consumé en établissemens de bureaux et de corps-de-garde, en décorations de salles d'assemblées , quelquefois même en repas donnés aux comités et aux bataillons des districts. Sans adopter ces bruits, je considérerai un instant la question de savoir à qui appartient plus naturellement la gestion des aumônes.

L'aumône est une *offrande volontaire* pour le soulagement des malheureux. On peut donc la recommander , mais non pas l'exiger. Ainsi quatre ou cinq personnes se disant députés du district ou de la section , ne devroient pas venir dans les maisons avec un registre in-folio , en priant de s'inscrire *pour ce que l'on voudra* , parce que ce sont là des contributions forcées.

La confiance seule doit aussi diriger dans le choix de celui à qui on confie son aumône. Qui paroît le plus digne de confiance d'un *curé*, ou *des commissaires de district, de section* ? L'état et le caractère du premier paroissent inspirer une présomption favorable , tandis que la qualité de commissaire de section , n'est pas toujours un sûr garant de la moralité du distributeur, ni de l'impartialité , du zèle soutenu, qu'il mettra dans ses distributions. L'aumône est une des bases principales de l'évangile, et aucun acte n'y est autant recommandé : elle se lie à la morale du ministère sacré, et s'identifie avec toutes ses fonctions. La qualité de *curé* rappelle aussi-tôt celle de consolateur journalier de l'infortune, de nourricier habituel des pauvres : aussi en lui confiant son aumône, on semble satisfaire à un grand devoir de religion ; tandis qu'en l'envoyant aux administrations civiles, ou ne paroît céder qu'à une impulsion philosophique. On donne bien à la patrie, mais non pas à la religion.

Ce n'est pas, au reste, que si un pasteur paroissoit dépourvu des vertus qui invitent à se reposer sur lui, on ne fît fort bien de s'adresser à toute autre personne, parce que la piété la plus indulgente ne doit jamais s'aveugler sur la confiance. Mais en général les curés y paroissent avoir plus de droits. Les pauvres, de leur propre aveu, n'ont jamais été autant négligés, que depuis que leur soulagement est confié aux autorités laïques. Ils se plaignent de partialités, de rebuts, d'abandon, et se livrent à un désespoir funeste à eux-mêmes et à la société.

Les administrations secondaires, telles que les municipalités, sections, pourroient être chargées de distribuer les secours donnés par l'état, ainsi que le produit des contributions locales établies en faveur des pauvres ; mais elles devroient au moins laisser

au clergé l'emploi des aumônes proprement
dites, c'est-à-dire des offrandes privées, faites
en vue de la religion, et perpétuées par
elle seule; autrement leur source en sera
bientôt tarie. Déja de cette confusion, de
cette rivalité dans l'administration des aumônes, il est résulté que plusieurs personnes
d'ailleurs bien intentionnées, n'en envoient
plus ni à leur section, ni à leur curé, et
se chargent de les distribuer elles-mêmes,
suivant les lumières ou les mouvemens de
leur cœur. Mais indépendamment que dans
ces distributions personnelles, on court le
risque de se tromper ou d'être trompé, ces
distributions isolées ne mènent souvent à
rien d'utile, et cent mille livres dissémi-
nées par parcelles et sans concert, ne sont pas
d'un grand avantage; tandis que mises en
masse et dirigées par une main exercée à
la charité, elles peuvent servir à faire le
bien sur un plan vaste et régulier.

L'art de l'aumône est plus délicat qu'on ne
pense, et s'il n'est pas toujours facile de donner, il est encore moins facile de bien donner.

Quoi qu'il en soit, l'envahissement des aumônes par les corps civils, leur application
à des objets souvent temporels, la suspen-
sion forcée que beaucoup de riches qui ne
l'étoient plus, firent de leurs dons, la chûte
d'un grand nombre d'atteliers et mille autres circonstances, aggravèrent le sort des
pauvres de Saint-Sulpice. Que la position

de M. le curé devint alors pénible ! Quand il fut prodigue de bienfaits envers le peuple, on l'accusoit de chercher à le gagner, à le corrompre : obligé de diminuer les secours, on l'accusa d'augmenter à dessein sa misère, afin de lui faire regretter l'ancien gouvernement. Justifié par le sentiment de la conscience, et animé par des vues d'ordre public, il redoubla d'efforts pour continuer le bien, et les grands de sa paroisse qui le chérissoient par estime, répondirent encore à son zèle par d'abondantes largesses. C'est alors que son active sensibilité lui inspira l'idée de faire célébrer une messe solemnelle, en actions de graces de ces bienfaits inespérés.

La messe fut annoncée par des affiches, portant cette épigraphe tirée des pseaumes: *Pauper et dives obviaverunt sibi*: *Le pauvre et le riche se sont rencontrés*. Après la messe il devoit y avoir sermon par M. l'abbé Boulogne, et quête par M. le curé.

Les personnes pieuses et réfléchies ne virent dans cette cérémonie, qu'un hommage particulier, rendu à l'auteur de tout bien, et une nouvelle occasion de procurer des secours aux indigens, en établissant entr'eux et les riches, une sorte d'alliance pacifique, fondée sur la bienfaisance et la charité.

Tous les jours des tribuns se disent *amis du peuple*, et sous ce prétexte se permettront d'être les ennemis des princes, des grands et des riches. Leur prétendue amitié pour le peuple, n'est qu'une haine furieuse contre tout ce qui n'est pas peuple, sans songer qu'il y a une connexion essentielle entre toutes les branches de la société, et que vouloir isoler le peuple, c'est lui rendre le plus funeste service. L'homme vertueux, le citoyen éclairé s'occupe au contraire à rapprocher toutes les classes, à les identifier par l'intérêt et l'amitié, et telles étoient les vues de M. le curé de Saint-Sulpice.

Néanmoins les personnes inquiètes, crédules ou mal-faisantes, crurent entrevoir dans son projet un plan de coalition dangereuse entre les riches et les pauvres. La malignité répandit que le mot *riches* avoit été mis dans l'affiche avec affectation, et que le prédicateur, l'abbé Boulogne, avoit préparé une sortie contre les décrets de l'assemblée nationale. Ces bruits se propageant jusques dans les Districts de la paroisse; un d'eux toujours véhément dans son patriotisme, envoie à M. le curé, une députation qui lui représente, que la messe annoncée offre de grands dangers pour la tranquillité publique, et peut servir de point de ralliement aux mal-intentionnés; qu'elle étoit injurieuse aux citoyens qui, placés par une fortune médiocre entre *les riches et les pauvres*, étoient comme exclus de la cérémonie; qu'enfin le texte de l'écriture paroissoit renfermer un sens équivoque et suspect.

M. le curé dit à MM. les députés que, loin de vouloir fomenter la discorde entre les citoyens, il avoit cru qu'une pareille cérémonie pouvoit adoucir les haines et rapprocher des classes opposées; qu'en ami sincère du peuple il s'occupoit de lui trouver des moyens de subsister dans l'opulence des grands; que la division des citoyens en *riches* et *pauvres*, n'étant point de son invention, ne devoit point blesser ceux qui n'oppartenoient à aucune de ces classes, et qu'ils étoient également invités à la cérémonie, qui n'étoit qu'une réunion fraternelle de tous les citoyens. Après beaucoup d'autres développemens, M. le curé ajoute, que voulant bien pourtant entrer dans les alarmes publiques, il consentoit à changer le mot de *riches* en celui de *citoyens*, et à retrancher le texte de l'écriture si mal interprêté.

MM. les députés, peu satisfaits de ces modifications, insistoient pour que la messe elle-même fût supprimée. M. le curé s'y refusa, d'après le motif qu'ayant été affichée par-tout, la supprimer seroit une occasion de désordre, parce qu'on ne laisseroit pas de se porter à l'église au jour indiqué.

La veille de cette messe, M. le curé apprit que des motionnaires du Palais-Royal tenoient conseil, pour empêcher qu'elle eût lieu, et que des gens de bonne volonté, connus sous le nom vulgaire de *Sans-Culottes*, étoient déja commandés pour l'expédition. Ce qu'il n'avoit pu accorder à des raisons frivoles, il l'accorda à la crainte trop réelle d'une insurrection scandaleuse, et il fit placer,

cer, sur-le-champ, de nouvelles affiches qui annonçoient la suppression de la messe.

Une partie du public n'ayant point connoissance de ce contr'ordre subit, se rend à Saint-Sulpice. Les brigands y volent aussi de grand matin, et répandus tumultueusement dans l'église comme sur un champ de bataille, ils frappent le pavé de leurs bâtons, et font retentir la voûte de leurs cris. Voyant avec douleur que la suppression inattendue de la messe les privoit de la gloire de leur expédition ; ces satellites de l'anarchie venus dans l'intention de l'empêcher, la demandent avec obstination et menacent d'arracher M. le curé de son presbytère.

Un commandant de bataillon, M. Lavilette, instruit de ce désordre, se rend à l'église, y place des sentinelles, et tente de calmer l'irritation du peuple. Convaincu qu'on ne pourroit y parvenir qu'en faisant chanter la grand'messe ; il va trouver M. le curé, et le presse de se montrer au peuple, lui promettant sur son honneur de le garantir de toute insulte.

M. le curé cède à ses instances, vient à l'église, monte en chaire, et y expose avec sérénité, les motifs qui l'avoient animé en convoquant ses paroissiens, ainsi que les nouvelles raisons qui lui avoient fait supprimer la messe, mais que, puisqu'elle étoit agréable au peuple qui en étoit le principal objet, on alloit la chanter.

C

Tous les assistans applaudissent par des battemens de mains. La grand'messe se chante ; M. le curé fait une quête , et les brigands lui donnent une partie du salaire qu'ils avoient reçu pour le désordre : ces malheureux plus égarés que méchans, vaincus par l'empire de la vertu , disoient de lui naïvement : *il a pourtant l'air d'un brave homme.*

La messe se termina dans le plus grand calme; M. l'abbé Boulogne ne se montra point , et fut suppléé pas un prédicateur dont le discours étoit sur *l'éternité*, sujet qui , par ses vérités majestueuses , parut faire quelque impression sur le peuple , et il se retira en silence , par petits pelotons , comme honteux de ses excès.

Tel fut le triomphe de M. le curé de St. Sulpice sur les ennemis de l'ordre : mais ce triomphe aigrit contre lui certains esprits mal intentionnés : des folliculaires bassement pervers , et en qui la calomnie est un besoin inné , le représentèrent occupé à ourdir des trames contre la révolution. Ses discours , ses actions , ses prônes même, étoient discutés avec malignité : on y cherchoit , on y trouvoit à chaque mot des allusions suspectes , des insinuations séditieuses. Ayant avancé en chaire , que les philosophes de nos jours , et Voltaire sur-tout , étoient les artisans des malheurs publics , et la cause des déchiremens de la monarchie, il fut dénoncé au fameux *comité des re-*

cherches de l'assemblée. Le président , M. de Pardieu , lui demanda la copie de son discours , et après l'avoir analysé avec le clair-voyant M. Voidel , il le lui rendit , en exprimant le regret d'avoir été obligé d'accueillir une dénonciation sans fondement.

Doué d'un caractère franc et d'une ame intrépide , M. le curé ne se laissa point effrayer par ces machinations ténébreuses , et rassuré par la pureté de ses principes , il dédaigna des inculpations absurdes. Loin de se montrer ennemi de la constitution, il en remplit tous les décrets qui étoient compatibles avec la religion.

Il respecta toujours l'assemblée nationale, comme autorité dominante et chargée de la confection des loix. Il lui envoya même une adresse, pour l'engager à conserver l'abbaye de St. Germain-des-Prez , en considération de son utilité pour les lettres, les pauvres, la religion ; et l'assemblée applaudit à cette démarche d'autant plus noble , qu'une ancienne rivalité de droits , avoit long-temps divisé les curés de St. Sulpice et les religieux de St. Germain.

Quand , six mois avant l'établissement de la constitution civile du clergé , il fut décrété que tous les citoyens indistinctement, prêteroient serment à la constitution politique, les gens raisonnables s'y soumirent, et M. le curé de St. Sulpice en donna l'exemple, parce que ce serment étoit purement

civil. Mais quand au mois de novembre suivant, on décréta un nouveau serment es-
sentiellement religieux, M. le curé ne crut
pas devoir l'adopter : il n'hésita pas même
dès-lors à faire le sacrifice *temporel* de sa
place ; et c'est ici que commence pour lui
une longue chaîne de persécutions honorables.

Dans un prône qu'il fit le dimanche 2
janvier 1791, il annonça qu'il monteroit de
nouveau en chaire le dimanche suivant, pour
un objet de la plus haute importance.
Il se proposoit d'entretenir ses paroissiens
d'un plan d'administration pour les pauvres;
mais comme l'époque du serment approchoit, et qu'on étoit libre de la devancer
par un serment volontaire, le peuple se persuade que M. le curé fera le sien : il se le
persuade uniquement parce qu'il le desire,
et le bruit s'en répand avec rapidité ; car
tout ce qu'il y a de plus invraisemblable,
agit fortement sur les têtes parisiennes.

Le public avoit des regards dirigés sur les
curés de la capitale, et celui de St. Sulpice
tenant parmi eux le premier rang, on attendoit avec impatience le parti qu'il prendroit.
Déja on avoit tenté en plusieurs circonstances, de l'entraîner dans le systême de révolution qu'on préparoit pour la religion.

Trois semaines avant qu'on décrétât la
constitution civile du clergé (on tient ce
fait d'un homme *digne de foi*) une personne distinguée par le rang qu'elle occu-

poit , vint chez M. le curé de St. Sulpice à sept heures du matin. En entrant dans son cabinet , elle en retire elle-même la clef. M. le curé étonné de ce début , lui témoigne qu'il n'est point dans l'usage de se renfermer avec des gens qu'il ne connoît point. La personne lui dit qu'il n'a rien à craindre et qu'elle ne porte point d'armes ; qu'elle veut seulement s'entretenir seule avec lui d'une affaire majeure , et commence ainsi. « Nous » sommes à la veille , M. le curé, de porter » la réforme du clergé. L'état présent des » choses ne permet pas de s'attacher à l'an- » cienne rigueur des principes catholiques : » on a dénaturé le livre admirable de l'é- » vangile par des opinions théologiques. Il » nous faut un nouveau culte uniquement » fondé sur la morale , un culte tel que ce- » lui des protestans , et encore les protes- » tans ont-ils conservé trop de cérémonies » et de dogmes.

» Nous avons jetté les yeux sur vous , M. » le curé , pour être le *chef* de notre refor- » me. Vos vertus , votre science et votre in- « fluence dans le public , nous promettent « un prompt succès , si vous voulez vous « y prêter. *Luther a fait sa réforme en trois* « *mois.* Du reste , comptez , M. le curé, « que vous serez appuyé, et vous ne man- « querez ni D'HOMMES, ni D'HONNEURS, « ni D'ARGENT ».

Après ce discours , M. le curé regardant fixement et avec douleur la personne , lui

dit : « Si je croyois qu'il fût possible de
« vous convaincre par des raisonnemens,
« j'entrerois en discussion, ou si je pouvois
« espérer de vous toucher, vous me verriez
« bientôt attendri, et vous jugeriez par mes
« larmes, combien je suis peiné de la pro-
« position que vous me faites. Mais tenez,
« voilà le livre des évangiles que j'ai le bon-
« heur de lire tous les jours ; avant qu'il
« arrive que par ma faute *une seule ligne*
« *en soit effacée*, je verserai plutôt jusqu'à
« la dernière goutte de mon sang ». ——
La personne interdite se lève : « Puisque cela
« est ainsi, M. le curé, je vois que ma
« démarche est inutile : Je me retire. ——
A l'époque du serment, on sent bien que
la faction régnante mit de nouveau tout
en œuvre pour gagner M. le curé de Saint-
Sulpice. Mirabeau, si adroit, si captieux,
tâcha de le séduire. L'or, l'épiscopat, et
PLUS ENCORE, lui étoient offerts ; espérances
flatteuses pour un cœur corrompu, nulles
pour le sien. Quelques gens honnêtes et foi-
bles, bien intentionnés et peu éclairés, témoins du bien qu'il faisoit dans sa paroisse, lui
représentoient l'état déplorable où elle alloit
tomber, et le pressoient d'éluder le serment
par des restrictions adroites. C'étoit bien
peu connoître la sévérité des principes de
M. le curé. Si franc avec les hommes, eût-il
pu, s'égarant dans d'infidèles palliatifs,
mentir à tout son peuple et au juge qui
scrute les derniers replis des consciences ?

La veille du serment, les officiers municipaux chargés de le faire prêter au clergé de Saint-Sulpice, vinrent chez M. le curé, et établirent avec lui une controverse pour l'engager à plier sous la loi. A la tête de ces controversistes en écharpe, étoit un M. Stouffe, menuisier, qui s'efforça de briser l'inflexibilité de M. le curé : mais on présume que l'argutie municipale ne tarda pas à être mise en déroute. ---- Le dimanche, 9 janvier, du fauxbourg S. Antoine et des antres du Palais-Royal, accourent à Saint-Sulpice des nuées épaisses de satellites stipendiés : tout brûlans d'ardeur, leur ambition aspire à un grand crime.

Les personnes pieuses s'étoient aussi rendues en foule à Saint-Sulpice, qui, ce jour-là, renfermoit tout ce qu'il y avoit de plus vil et de plus vertueux sur la terre. Une rumeur sourde, un murmure confus de voix croisées et à demi élevées se fait bientôt entendre.

Des grouppes s'entretenoient avec chaleur, et comme si c'eût été un lieu de délibérations publiques, des harangueurs, portés rapidement d'un bout de l'église à l'autre, mettoient en mouvement l'ardeur populaire, représentant avec une éloquente rage, les prêtres qui refusoient le serment, comme des coupables dignes d'une sévère justice. « Qu'est-ce donc que ce serment, « demande une femme du peuple ? »......
« C'est, répond un des agitateurs, le ser-

« ment de ne pas travailler à une contre-
« révolution , et les prêtres ne veulent pas
« le faire ».

Ainsi la méchanceté armoit du poignard la
crédule ignorance.

M. le curé paroît : on entend le *voilà*,
le voilà ! Il étoit accompagné de M. le
maréchal de Mouchy , aussi dévoué à la
religion qu'à son roi, des fils de M. de
Juigné , de plusieurs autres laïques bien
pensans , des gardes nationaux volontaires
et de femmes même. Il étoit aussi accompagné de son clergé , qui, glorieux de partager sa destinée, se plaça sur les degrés
de la chaire pour en fermer les avenues.

Ce fut un spectacle attendrissant et digne
de mémoire , que cette phalange d'individus
de tout rang , de tout état , de tout sexe,
qui , rassemblés d'eux-mêmes par l'impulsion
d'un sentiment commun , venoient , au péril
de leur vie, protéger celle de leur pasteur , et
lui garantir un respect acquis à tant de titres.

Loin d'être déconcerté par la vue d'un
peuple immense et suspect, M. le curé
le parcourt d'un œil serein , et pro-
nonce son prône d'un ton énergique. Il
captive l'attention de son auditoire ; en-
chaîne les passions inquietes , et porte
le remords dans plus d'un cœur pervers.
Après son prône, dont il avoit exclu tout
ce qui pouvoit avoir trait aux circonstances,
il expose un nouveau plan d'administration
pour les pauvres, concerté avec les différens

districts de sa paroisse, et s'engage d'y contribuer pour sa part d'une somme de dix-huit mille livres.

Après cette annonce, bien faite pour lui attirer des bénédictions, il veut descendre de chaire; mais à l'instant une voix tonnante, signal de guerre, crie: *LE SERMENT*, et mille voix complices redisent: *le serment*, *le serment; à la lanterne, à la lanterne !*.... A ces cris inhumains répétés sans honte à la face des autels, M. le curé remonte en chaire, fait signe de la main qu'il veut parler, et après avoir obtenu avec peine, silence, il déclare qu'il ne peut prêter le serment. « *Ma conscience*, dit-il, *me le* « *défend* »....

C'est alors que la haine, la frénésie et l'impiété un moment suspendues, s'échappent en blasphèmes, en clameurs sanguinaires. Le signal du meurtre est donné. Tout altérés de sang, les brigands, par une prompte manœuvre, s'élancent sur le grouppe serré qui reconduisoit M. le curé à la sacristie, l'entourent, le heurtent et s'efforcent de le rompre pour atteindre leur victime. Là s'établit entre les défenseurs de M. le curé et ceux qui l'attaquent, une lutte de mille bras, de mille corps, qui, avec des efforts violens, se poussent, et se repoussent, agissent et réagissent en tout sens. Mais la tactique exercée des brigands l'emporte. Des laïques, des ecclésiastiques, ébranlés par la continuité de l'action et la furie du choc sont renversés, foulés aux pieds. Un brigand s'élance jusqu'à M. le curé, et dirige sur lui un pistolet qu'on détourne. Un autre scélérat lui porte un coup de poing et le saisit aux cheveux. Le crime va-t-il donc être consommé ?...... Non. Les deux assassins sont à l'instant repoussés par des gardes nationaux volontaires, qui, voyant la vie de M. le curé, en un péril imminent, l'enlèvent soudain dans leurs bras et le portent dans un appartement au-dessus de la grande sacristie, où, épuisé par sa sensibilité et par la secousse d'un désordre dont il étoit l'objet, sans en être la cause, il éprouva une défaillance. Rappellé à lui par les prompts secours de l'amitié, dans son regard douloureusement attendri, on lisoit le déchirement de son ame. « Voilà le « plus proche parent que j'aie ici, dit-il à « ceux qui l'entouroient, en leur montrant « M. de Colanges, et demandez-lui, si toute « la vie, je ne me suis pas occupé de faire « le bien... Voilà le prix que j'en retire !... Exclamation naïve, et le cri d'une conscience pure, forcée de se rendre à elle-même la justice qu'on lui refuse.

Qui peindroit la rage désespérée des brigands en voyant leur victime échappée, et le *prix de sa tête* perdu ? Ils parcouroient l'église en forcenés, injuriant, menaçant des yeux et du geste tous les honnêtes gens, et annonçant qu'ils sauroient bien réparer le coup.

Qui pourroit peindre aussi par un touchant contraste, le trouble, les alarmes, la désolation qui régnoient dans l'église parmi les personnes vertueuses et les femmes surtout, pendant tout le combat dont je viens de parler? Quelle étoit leur inquiètude pour leur pasteur! Que d'exclamations plaintives! que de larmes couloient des yeux de la piété! Quelle pâleur sur tous les fronts! Que de vœux mêlés de sanglots, furent poussés vers l'éternel!... Telle est une ville prise d'assaut, lorsque les femmes, les vieillards, livrés à la merci d'une soldatesque sans frein, se réfugient dans les églises, invoquent, par des cris et des pleurs, la protection du ciel, la pitié du vainqueur.

Vous, témoins de cette scène, cœurs honnêtes et sensibles, dites si j'ai rien exagéré.

Enfin le zèle actif de la garde nationale, conduite par M. de Courtomer, rétablit l'ordre, dissipe les brigands et calme les craintes des gens de bien, qui apprennent que si M. le curé a couru d'affreux dangers, il est maintenant en sûreté. Tous s'efforcent de pénétrer où il est, pour lui témoigner leur douleur et leur joie; et la garde nationale postée devant son appartement, eut alors à soutenir contre cette foule, un nouveau combat, mais bien différent du premier.

La famille-royale envoya le jour même de cet événement, savoir des nouvelles de la santé de M. le curé, et lui témoigner tout l'intérêt qu'elle prenoit à sa personne.

M. Bailly, maire, vient exprimer à M. le curé combien il étoit affecté de ce qui s'étoit passé, l'assurant que ce n'étoit pas la faute *des magistrats du peuple*, mais celle des circonstances et du refus du serment.

M. le maire, très-profond, comme on sait, en astronomie et dans la science des monumens anciens, mais moins versé dans celle de la religion, fit l'apologie du serment, s'efforça de prouver qu'il ne blessoit pas la doctrine de l'église, et invita le clergé de St. Sulpice à suivre l'exemple édifiant de tant de prêtres, de curés de Paris, qui l'avoient prêté, soumettant en esprit de paix leur conscience à la loi, pour prévenir les troubles qu'occasionneroit une résistance opiniâtre. -- Un ecclésiastique répondit à M. Bailly que la constitution civile du clergé, objet du serment, blessoit la doctrine de l'église dans la forme des élections, sur les vœux, sur la jurisdiction épiscopale, dans les rapports avec le souverain pontife; que l'exemple de quelques curés de Paris n'étoit pas suffisant pour entraîner, et que les troubles qui naîtroient du refus du serment, ne devoient être imputés qu'à ceux qui l'avoient inconsidérément décrété.

M. le maire ne put donc ébranler aucun

ecclésiastique de S. Sulpice. On avoit déja tenté plusienrs fois de séduire leur ambition ou d'intimider leur courage. Tous et sans se concerter entre eux, sans aucun instant de foiblesse et d'irrésolution, sans aucune inspiration étrangère, ni moins encore, comme on l'a prétendu, d'après l'influence de M. le curé de St. Sulpice; mais d'après leur conviction personnelle; tous, je le répete, se refuserent au serment. Dans cette mémorable journée, qui ne périra qu'avec les fastes de l'église de France, M. le curé servit à tout son clergé de modèle, mais non d'instigateur, ni de conseil; et ceux qui le connoissent savent que sa franchise le rendit toujours inhabile à l'intrigue et à l'art des factions.

Cette persévérance unanime d'un clergé recommandable, pouvoit produire une impression funeste au succès du serment. Pour en arrêter l'effet, on se hâta de rassembler des ecclésiastiques logés en hôtel garni, des religieux qui avoient jetté l'habit de leur ordre, et après leur avoir fait prononcer avec solemnité, le serment dans la chaire de St. Sulpice, on publia avec affectation, qu'une partie nombreuse du clergé de cette paroisse, avoit juré.

Dans les fausses listes qui parurent même par ordre de la municipalité, on mit au rang des prêtres de la communauté, les sieurs *Bonnet* et *Henri.* Le premier d'abord chantre gagé à St. Sulpice, chargé ensuite par les marguilliers, de la garde de la sacristie, dite *des convois*, n'avoit aucun rapport de fonctions, ni de société avec M. le curé et les prêtres de sa communauté.

Le sieur Henri, soldé par la fabrique et demeurant aussi hors du bâtiment des prêtres, n'a jamais été compté parmi eux. Sa fonction absolument subalterne, étoit de conduire les morts dans un cimetière éloigné. Nous ne nous permettrons d'ailleurs aucune réflexion sur les talens et le caractère de ces personnages, ainsi que sur la nature des motifs qui ont pu les déterminer au serment, leur conduite étant absolument étrangère à notre sujet.

Pour persuader aux provinces que des membres du clergé de St. Sulpice, avoient prêté le serment, on fit encore paroître à la barre de l'assemblée nationale des ecclésiastiques se disant *prêtres de St. Sulpice*, quoiqu'on n'y connût pas même leurs noms, lesquels venoient protester à l'assemblée de leur adhésion à la constitution civile du clergé. L'insertion de leur harangue dans le procès verbal de la séance, produisit dans les provinces une sensation telle, que plusieurs curés écrivirent à Paris pour s'informer de la vérité du fait, et on se hâta de les désabuser. Mais combien d'autres bons et crédules curés, qui ne pouvant suspecter une si grossière fourberie de la part de l'*auguste sénat* de la France, se seront décidés au serment d'après l'exemple prétendu d'un clergé eclairé? Mais , non, je le répete, et puissai-je n'en détromper qu'un seul; non , aucun des prêtres de St. Sulpice n'a déserté ses drapeaux , ni terni l'ancienne renommée de son corps : et dût ce refus du serment dévouer leur vie à des tracasseries obscures ou à des persécutions ouvertes, ils en seroient glorieux , parce qu'il est des peines douces et recherchées, celles qu'on éprouve pour l'honneur et la foi.

Dès le moment que M. le curé de St. Sulpice eut refusé le serment , toutes les bouches de la révolution tonnèrent contre lui , et le traiterent à l'envi de *réfractaire, de rebelle à la loi, à la constitution.* Un district de sa paroisse, oubliant qu'il en étoit depuis trois ans le bienfaiteur , vint lui signifier l'interdiction de ses fonctions , avec défense de les continuer.

Un refus d'adhérer mettoit M. le curé aux prises avec une autorité peu imposante sans doute, mais dangereuse au milieu de l'effervescence des esprits. D'un autre côté, il ne pouvoit cesser ses fonctions sur l'arrêté d'un district , lorsque la loi elle-même lui prescrivoit de les continuer jusqu'à son remplacement. Que répondre donc à cette députation inconsidérée, dont un membre tenoit déjà la plume pour écrire sa réponse? Lecture faite de l'arrêté , M. le curé regarde froidement tous ces députés impatiens ; et sans leur répondre un mot, il tire le cordon de sa sonnette. Un domestique arrive : *éclairez*, lui dit - il, *ces messieurs.* Cette parole fut un coup de foudre pour MM. du district. Déconcertés par ce phlegme inattendu, ils se retirent les yeux baissés, muets ; et que de choses pourtant ils se proposoient de dire !

M. le curé continua ses fonctions, qu'aucune autorité ne pouvoit lui interdire, et que la violence seule pouvoit suspendre : on se hâta de l'employer. Il donnoit les exercices spirituels de la semaine de la Passion, et les paroissiens accouroient en foule pour entendre ses derniers accens. Ses ennemis qui s'en apperçoivent, ont bientôt proposé une émeute, et prêt à monter en chaire, il est assailli par les brigands, qui l'obligent de se retirer. La tourbe se porte à son presbytère pour l'insulter ; mais il s'étoit déja rendu avec un de ses fidèles ecclésiastiques, dans un hôtel de sa paroisse, où il passa la nuit.

L'orage continuant de gronder, et l'installation des intrus approchant, M. le curé, qui ne se proposoit pas de faire au P. Poiré les honneurs de sa maison, se hâta d'en faire enlever les meubles. Le peuple toujours soupçonneux et avide, l'accuse d'emporter les ornemens de l'église. Il entre chez lui, y fait une fouille curieuse, veut tout voir, tout inspecter, et trouve quelques chasubles que M. le curé avoit achetées pour son usage. Le

peuple

peuple les réclame comme étant *le bien de la nation*; et ce n'est qu'avec peine que, désabusé de sa prétention, il consent au transport des effets de M. le curé. Quelques femmes rassemblées sur la place de S. Sulpice, ayant voulu prendre son parti, sont à l'instant entourées et *mises à la raison*.

Les ecclésiastiques de la communauté de St. Sulpice se hâtent aussi de faire enlever leurs meubles. Tout le mobilier de cette maison avoit été formé des dons des curés de St. Sulpice, et des contributions partielles des prêtres de la communauté, sans que l'état ou le clergé de France y eussent contribué en rien. Il étoit donc naturel que ce mobilier revînt à ceux qui l'avoient acquis, et qu'ils en disposassent à leur gré. Cependant la calomnie, qui toujours veille sous le règne de l'anarchie, répand que les ecclésiastiques de St. Sulpice dégradent leur maison, et veulent, par vengeance, en *emporter jusqu'aux pierres*. Des commissaires de district viennent à la communauté, et tentent d'arrêter la sortie des meubles. On leur expose le droit des ecclésiastiques ; ils sont forcés de le reconnoître, et néanmoins pour *obtempérer* au vœu de leurs commettans, ils font un inventaire général, qui seul étoit un acte usurpatoire, parce qu'on ne peut inventorier que ce qui est du domaine public, et non les propriétés privées.

Ainsi furent arrachés de leur demeure,

dépouillés de leur état, un pasteur et un clergé dont tout le crime étoit de n'avoir pas trahi la religion ! Ainsi furent accomplis les vœux de Mirabeau. Ainsi s'exécutèrent les vastes projets de l'hérésie, et d'une philosophie qui feignoit de vouloir régénérer les autels qu'elle incendioit !

Ceux qui ont accusé M. le curé de St. Sulpice, d'avoir refusé le serment pour complaire au corps épiscopal et par esprit de ligue, ont peu connu sa bonne-foi dans les discussions. La question du serment étoit trop importante, pour qu'on puisse l'accuser de l'avoir résolue par des considérations humaines, auxquelles il étoit si supérieur par sa place, sa fortune et son caractère. En général, la foiblesse, l'intérêt ou l'ambition ont pu faire prononcer bien des sermens ; mais le courage seul de la vertu, le mépris des richesses et l'attachement aux principes ont pu le faire rejetter. M. le curé de St. Sulpice ne le prononça pas, parce que dans des examens approfondis, il en avoit senti le vice irréligieux.

Ah ! s'il eût cru dans son ame pouvoir le faire, il n'eût pas hésité : et que n'a-t-il pas coûté à son cœur sensible pour se séparer de ceux auxquels il s'étoit donné pour la vie ! Quel sacrifice que d'abandonner ceux qu'on aime, au gardien infidèle et corrupteur ! Les affections de la religion sont bien plus fortes et bien plus actives que celles de la nature. On ne s'imagine pas par combien d'attractions et de liens, on s'attache á ceux qu'on a conquis à la grace, qu'on a maintenus dans le bien, ou dont on a dirigé les pas chancellans au milieu des écueils de la vie ! On ne s'imagine pas combien l'habitude d'être avec un peuple qui vous appelle *son père*, et que vous appellez *vos enfans*, a d'empire sur tous les sentimens ! Combien sur-tout il est doux et grand d'émouvoir les vertus, de calmer les passions, et d'être le législateur des consciences ?— Voilà pourquoi si peu de pasteurs se retiroient autrefois de leurs paroisses, et fussent elles pauvres, mal situées, sans société, s'y attachoient presque toujours, comme à une épouse chérie, dont on doit partager toute la destinée.

St. Sulpice ayant été divisé par l'assemblée nationale en trois nouvelles cures, celle de St. Sulpice, de St. Thomas d'Acquin et de St. Germain-des-Prez, le corps électoral assemblé à Notre-Dame, nomma à la première le P. *Poïré*, supérieur de la maison de l'Oratoire Saint-Honoré. La cure de St. Germain fut conférée au sieur *Roussineau*, curé supprimé de la Ste. Chapelle.

Le P. *Latil*, Oratorien, obtint la cure de St. Thomas-d'Acquin, établie chez les peres Jacobins de la rue St. Dominique. Il faut rappeller ici que les paroissiens, de leur propre autorité, et sans le concours de la puissance spirituelle, destituèrent St. Dominique ancien patron de la nouvelle paroisse,

pour mettre à sa place S. Thomas-d'Acquin.
Le prétexte de cette destitution fut qu'on ne
vouloit pas avoir pour patron le fondateur
de l'inquisition. On conçoit en effet l'anti-
pathie qui peut exister entre le St. Office et
la nouvelle constitution du clergé.

Le 6 février 1791, M. Pastoret, président de l'assemblée électorale, proclama dans
l'église de Notre-Dame, curé de St. Sulpice,
le sieur Poiré, et prononça le discours suivant. « Cinq siècles sont bientôt écoulés de-
» puis que les François convoqués pour la
» première fois en états généraux, se rassem-
» blèrent dans ce temple pour arrêter les en-
» treprises des pontifes romains. On diroit
» que le séjour auguste où nous venons de-
» mander et recevoir les inspirations de la
» divinité, fut marqué dans tous les temps
» par l'éternel, comme le lieu où devoit *se*
» *purifier* et *s'affermir le christianisme*. Ils
» ne sont plus ces jours où loin d'être choi-
» sis par les fidèles, nos premiers pasteurs
» n'étoient souvent que le choix aveugle de
» la faveur, de la naissance ou de la for-
» tune......, Peuple qui environnez cette
» enceinte, vous dont l'attitude tranquille
» et le silence respectueux sont un hommage
» touchant rendu au culte et à la loi, sou-
» venez-vous que la tolérance est la première
» des vertus religieuses, comme la première
» des vertus civiles. La tolérance n'est que
» la charité. Heureux jour que celui où la
» *philosophie et la piété se sont embrassées,*

» sous les auspices de l'être, qui d'un re-
» gard mesure l'univers! Aimez Dieu ; ho-
» norez la nation et le roi ; chérissez vos
» freres, tels sont les principes de l'évangile.
» *Ils attendoient la constitution Françoise,*
» ils en étoient le monument prophétique.

Ce discours étoit assurément très-consti-
tutionnel, très-philosophique.

Le P. Poiré y répondit en ces termes :

« Vous le voyez, messieurs, mes chers
» et bien aimés frères, la voix du ciel se
» fait entendre. *La primitive église ré-*
» *clame ses premiers droits ; elle soupire*
» *après sa première splendeur.* Si je calcu-
» lois mes forces, mon âge, l'insuffisance
» de mes talens, les menaces, la rage de
» la *superstition*, de l'hypocrisie, les fu-
» reurs *d'une cause criminelle et détestable*,
» je serois tenté de suspendre les effets de
» ma bonne volonté ; mais ce seroit un scan-
» dale pour la nation, pour *l'église*, et pour
» les amis éclairés de la constitution. J'o-
» béis : *Ecce ego, mitte me.* Comme Samuel
» j'obéis ; parlez, votre serviteur écoute.
» Dieu sait que l'amour de la religion, l'es-
» prit de paix, *le desir du bien de l'église*
» sont les uniques motifs qui m'animent.
» Vous m'assignez, messieurs, pour l'exer-
» cice de mon zèle une paroisse immense
» *sans pasteur* aux yeux de la loi. Qui peut
» douter que *la jurisdiction spirituelle*

» *vienne immédiatement de J. C., que dans*
» *l'origine elle ne connoît point les formes*
» *sagement établies pour entretenir une*
» *juste subordination dans l'église?* Avec
» cette double autorité, pourrois-je avoir des
» doutes sur la canonicité de ma mission ?

» C'est avec ce code éternel de l'ordre,
» l'évangile à la main, que je me propose de
» travailler à rendre la paroisse que vous
» me faites l'honneur de me confier, heu-
» reuse, en la rendant vertueuse.....

« Aimez-vous les uns les autres, et c'est
» ainsi que vous accomplirez la loi de J. C.,
» que les plus parfaits souffrent avec pa-
» tience les plus imparfaits. *Ne faites point*
» *à autrui ce que vous ne voudriez pas*
» *qu'on vous fît.* C'est ici le premier prin-
» cipe de l'équité naturelle : loi générale que
» nous n'avons pas besoin d'aller aux voix,
» pour la faire accepter de tout le monde.
» Le cri unanime de la nature la publie
» par-tout ».

Quelle confusion de mots et de choses ; mais
sur-tout quelle série de contradictions en
morale et en doctrine ! Comment, à l'instant
où l'on bouleverse l'église, où l'on ébranle
les plus solides colonnes du temple, un ministre ose-t-il dire que *la voix du ciel se*
fait entendre, et que l'église soupire après
sa première splendeur? Quelle splendeur !

Comment ose-t-il s'élever au - dessus des
formes qu'il avoue *sagement établies pour*
entretenir une juste subordination dans

l'église ? Comment donc justifier la canonicité de sa mission, si évidemment contraire à ces formes sanctionnées par l'autorité de vingt conciles, et que par conséquent la puissance laïque seule n'avoit pas le droit de détruire ?

Comment oser dire sans restriction que la jurisdiction spirituelle vient de J. C... L'église n'est-elle donc plus chargée de nous transmettre cette jurisdiction ? N'est-ce pas par les mains des évêques qu'elle arrive aux prêtres, ou peuvent-ils d'eux-mêmes s'en investir, se déclarer pasteurs de leur propre autorité, sans autres formalités de mission que l'élection populaire ?

Comment le pere Poiré ose-t-il prononcer l'axiome de la loi naturelle : *Ne faites point à autrui ce que vous ne voudriez pas qu'on vous fît*, à l'instant qu'il s'empare d'un poste non vacant, et se revêt des ornemens sacrés, malgré la protestation du légitime titulaire; à moins qu'il ne regarde l'épiscopat et le sacerdoce comme des offices séculiers, dont on peut être destitué à volonté, par le caprice du peuple. Mais même dans cette hypothese, la délicatesse ne répugne-'t-elle pas à prendre les dépouilles du disgracié ?.... Que la jeunesse égarée sur les routes du bonheur, se livre aux calculs d'une lâche ambition, on lui pardonne; mais quel jugement porter du sexagénaire qui souille sa tête blanchie, en sacrifiant à la vanité d'un rôle secondaire,

D 4

l'expérience de ses longues années , la considération de son ordre et l'estime de son propre cœur ?

→ M. le curé de St. Sulpice, en quittant son presbytère, ne s'éloigna pas de son troupeau. Son premier soin fut de trouver une église pour le tems paschal qui approchoit. Là il eût continué ses fonctions indispensables , sans éclat, et pour le bien des paroissiens fidèles. Tout promettoit à ses desirs un heureux succès.

Le directoire du département venoit de rendre un arrêté dans lequel il étoit dit : « Tout édifice ou partie d'édifice, que des » particuliers voudront destiner à réunir un grand nombre d'individus, pour » l'exercice d'un culte religieux quelconque, » portera sur la principale porte extérieure, » une inscription pour indiquer son usage, » et le distinguer de celui des églises publiques appartenantes à la nation, et dont » le service est payé par elle. »

Conformément à cette proclamation, M. le curé de Saint-Sulpice avoit loué de la municipalité et payé d'avance le bail de l'église des Théatins, pour y faire le service divin, suivant les règles prescrites. Les clefs de l'église avoient déja été livrées , et elle devoit être ouverte au public, le dimanche 11 avril.

A cette nouvelle, des émissaires excitent la rage des citoyens turbulens et combinent un attroupement devant l'église , dès sept heures du matin, espérant par les désordres qu'ils exciteroient, obliger la municipalité à fermer l'église. Leur plan ne réussit que trop, et des grouppes nombreux, insultant ceux qui y entroient, excitèrent l'attention de la police. On mit, le jendi-saint , aux portes principales', des piquets de gardes nationaux; mais au lieu d'empêcher le désordre , ils le favorisèrent secrettement, ou du moins ne firent rien pour l'arrêter, malgré les ordres positifs de M. de la Fayette, qui, dans cette occasion, parut vouloir prêter sincérement l'appui de la force publique aux catholiques persécutés. De pieux laïques , des ecclésiastiques, des femmes même qui se rendoient à l'église, furent insultées , outragées et obligées de revenir sur leurs pas.

M. Bailly parut pour arrêter ces excès. Voyant un faisceau de verges attaché à la porte avec une inscription ironique et indécente , il fit arracher l'un et l'autre, recommandant au peuple , en termes brillans, l'ordre et la modération. Mais à peine fut-il parti, que les phrases académiques furent oubliées, les verges et l'inscription replacées.

Le directoire du département fit alors afficher un nouvel arrêté, où il instruisoit le peuple de la location de l'église, de la légitimité de sa destination, et de l'inscription *paix et liberté* qui y seroit placée.

A peine affiché, le placard fut mis en mille pièces, au milieu des imprécations les plus violentes contre le département, les prêtres, les dévotes. Un harangueur en chef, placé sur les marches de l'église, dissertoit avec feu, en concluant qu'il falloit empêcher le schisme à tout prix, ne souffrir d'autre culte que celui de la nation, *fustiger* les femmes et *lanterner* les prêtres.

Je rougis de répéter ces expressions, mais elles sont le coloris fidèle du tableau.

Tel étoit le mode de tolérance de ces partisans de l'égalité des droits, de la liberté des cultes et des opinions, et tel étoit encore le respect pour l'autorité du département, la première dans l'administration.

En vain quelques particuliers modérés voulurent faire sentir que ces persécutions religieuses étoient un outrage à la loi, on ne les écoutoit point, ou l'on étouffoit leurs voix par des clameurs menaçantes. Mais pour obtenir dans cette affaire un succès complet, il falloit y intéresser le civisme des jacobins. Une députation ayant à sa tête le curé de S. Thomas-d'Acquin, vint rendre compte à leur club que l'église des Théatins, avoit été louée *par des conspirateurs*, pour y exercer un culte ennemi du culte national. L'orateur fit des figures véhémentes contre ceux qui se rendoient aux Théatins, et sur-tout contre l'ancien curé de Saint-Sulpice. Il dénonça le directoire de département ainsi que M. de la Fayette, comme ayant donné des ordres pour empêcher de maltraiter les prêtres et les catholiques.

Plusieurs honorables membres jacobins répondirent à la harangue pastorale, par un torrent d'injures contre l'ancien curé de Saint-Sulpice, contre les prêtres insermentés, contre M. de la Fayette, contre la municipalité, contre le département; tandis que de vifs applaudissemens furent donnés au patriotisme et au courroux évangélique du curé de S. Thomas-d'Acquin.

La société agit en même tems si puissamment auprès de la municipalité, que celle-ci, soit foiblesse, soit mauvaise foi, rompit l'acte de location des Théatins, et le peuple catholique, comme sous les tyrans payens, se trouva quelque tems sans autels, et privé de la participation aux saints mystères. L'église des Irlandois lui servit quelquefois d'asyle; mais on sait les scènes funestes qui s'y passèrent, et par vertu, il fallut bientôt se dispenser d'y aller.

Les événemens arrivés aux Théatins avoient excité une haine furieuse contre M. le curé de Saint-Sulpice. Son zèle invincible faisoit le désespoir de ses ennemis. Ils redoublèrent de rage, quand ils virent qu'établi sur sa paroisse, il en étoit toujours l'ame et le vrai pasteur. Pour l'en éloigner, ils résolurent de piller et d'incendier la maison qu'il occupoit. M. le curé voulant éviter ce malheur au propriétaire, se retira chez un ami ; mais la haine ne fut pas satisfaite : elle alla jusqu'à méditer un attentat contre ses jours.

Un de ses domestiques reçut une lettre anonyme, dans laquelle on l'engageoit à assassiner son maître, sous l'appat d'une forte récompense. Ce serviteur honnête porta à l'instant la lettre à M. le curé, qui, toujours supérieur à la crainte, mais cédant aux instances de ses amis, et voulant prévenir un crime qui eût pu être le signal de beaucoup d'autres, partit alors pour Bruxelles, laissant le tems aux esprits égarés de revenir. Au reste, tant de fureurs dirigées contre lui, l'honoroient. Ce n'étoit pas sa personne qu'on poursuivoit, mais ses vertus dont on craignoit l'ascendant ; et au milieu de ces haines de parti, il a toujours compté parmi ses persécuteurs, des personnes qui chérissoient ses qualités sociales, et rendoient hommage à un des plus heureux caractères de la nature, embelli de tous les dons de la religion. Aussi dans toutes les grandes crises, et lorsqu'on lui préparoit sourdement des vexations, presque toujours quelqu'un de ceux qui y avoient trempé, pressé par l'estime ou le remords, venoit lui confier les dangers qu'il couroit.

M. le curé fut reçu à Bruxelles avec cette effusion de sentimens, ces émotions d'intérêt, dont l'expression est toujours chère, parce qu'elle est vraie. Ses périls, ses combats, ses victoires le rendoient plus que respectable, et une sorte de célébrité glorieuse l'accompagnoit. Les militaires et les gens du monde le regardoient comme un héros, car il en est sous tous les costumes; et aux yeux de la piété, il étoit un généreux confesseur, un ardent défenseur de la foi.

M. le comte de Mercy d'Argenteau, ministre plénipotentiaire, le maréchal Bender et toutes les personnes en place, lui témoignoient les égards les plus marqués. M. le Cardinal, archevêque de Malines, l'engagea plusieurs fois à venir chez lui, et il l'y recevoit avec autant de considération que d'amitié.

M. le curé ne profitoit que rarement de ces flatteuses invitations, se répandoit peu dans le monde, et ne prenoit qu'une légère part aux grands événemens politiques qui l'entouroient. Les exercices de la religion et de la charité, étoient toujours ses affections chéries, et l'on ne s'imagineroit pas combien, dans son rapide séjour aux Pays-Bas, il rendit de services divers. Les sœurs persécutées, de la maison des *Orphelines* de Paris, viennent le trouver, l'implorer. Il paie les frais de leur voyage inattendu; et leur procure des moyens de subsistance.

Pasteur de ses concitoyens domiciliés à Bru‑
xelles, il remplissoit envers eux les fonc‑
tions de son ministère, sans morgue, sans
importance, mais avec cette candeur, cette
bonté franche et naïve qui, à l'instant,
décèlent les secrets de son ame, et vous
indiquent un nouvel ami.

La colonie françoise animée pour le roi
d'un amour, que ses malheurs ne faisoient
qu'accroître, fit célébrer le jour de S. Louis
une messe où elle assista en corps, et M. le
curé de Saint‑Sulpice fut choisi pour porter
à l'éternel, les vœux des bons François. Les
momens de liberté qu'il avoit, étoient em‑
ployés à des ouvrages utiles. Il adressa à
ses paroissiens une lettre pastorale, modèle
de sensibilité. « Aucune puissance, leur
« disoit-il, ne peut vous enlever à ma sol‑
« licitude, si ce n'est la puissance spiri‑
« tuelle : elle seule m'a dit : *je vous envoie* :
« elle seule peut donc me dire : *je vous*
« *rappelle.* Elle n'a pas rompu les liens
« qui m'attachent à vous, elle n'est pas
« disposée à les rompre.... si votre pasteur
« est éloigné de vous depuis quelques jours,
« ah! soyez assurés qu'il ne l'est que de
« corps et non de cœur, et qu'il peut s'ap‑
« pliquer ce que disoit Saint Cyprien obligé
« de fuir dans un tems de persécution,
« qu'il ne *s'écartoit du troupeau que pour*
« *le bien du troupeau.* Nous vous l'avons
« dit souvent, et c'est pour nous la plus

« sensible satisfaction de vous le répéter,
« que vous êtes tous dans notre cœur, et pour
« la vie, et à la mort, et malheur à moi si
« je cessois jamais de prier pour vous et de
« vous servir ».

M. le curé correspondoit aussi avec son
clergé qui, quoique privé d'un chef qui faisoit sa force, ne s'est pas laissé aller au
découragement. Tous les membres de cet
honorable clergé, constans au poste d'honneur, ont montré le plus grand dévoue-
ment au maintien des principes catholiques,
en y joignant cette prudence mesurée, qui
seule consolide le bien et le rend utile.
Rien n'a pu décourager un instant ces nobles athlètes de la foi. Après avoir été ré-
duits long-tems aux oratoires privés, où plus
d'une alarme est venue encore les troubler,
ils sont parvenus à obtenir de la municipalité, quelques églises pour le culte catholique. C'est aux missions étrangères, chez les
dames du S. Sacrement et du Calvaire, que
se sont réunis principalement les paroissiens
de Saint-Sulpice.

Vénérables religieuses, filles chéries de
l'église, lorsque dans des siècles de gloire,
elle vous enfantoit avec tant de joie, elle
ne prévoyoit pas qu'un jour expulsée de
ses sanctuaires, dépouillée de son antique
domaine, poursuivie par des fils rebelles,
ce seroit vous, presque seules fidèles, qui,
lui offrant un honorable asyle, orneriez de

quelques fleurs ses longs voiles de deuil, et la consoleriez de ses disgraces, par vos pieuses complaisances et votre générosité sensible.

Dans les églises que j'ai nommées, les prêtres unis aux catholiques, chantent les cantiques accoutumés de Sion, offrent pour eux le sacrifice non-sanglant, et forment pour la patrie de pacifiques vœux. Ils donnent encore leurs tendres soins aux malades qui, prêts à quitter la terre, veulent au moins mourir dans les bras de la religion qui les a vu naître.

Beaucoup d'autres ecclésiastiques, et notamment Mrs. les prêtres des missions étrangères, se sont dévoués au service spirituel et à l'administration des sacremens, avec un zèle digne de leur institut. Quand ils nous ont vu prêts à tomber dans l'erreur, et devenir semblables aux nations infidèles, la France est devenue leur première vocation. Ils ont dit : « SAUVONS LA FOI », et le feu sacré de la foi, entretenu par leur souffle vigilant, ne s'éteindra pas.

De même qu'on se plaît à juger les individus, sur la force d'ame qu'ils montrent dans leurs derniers momens, ainsi en voyant la conduite courageuse de ces corps ecclésiastiques, qui, dans les angoisses de la dissolution, au milieu de circonstances ennemies, ont montré une fermeté, une persévérance

vérance invincible; on ne pourra sans doute leur refuser un juste tribut d'estime.

Quoique M. le curé de Saint-Sulpice jouit à Bruxelles, d'une considération bien douce auprès des Brabançons et de ses concitoyens, néanmoins ses regards, ses desirs, son ame, se portoient vers son église persécutée, démembrée, et les agitations qu'elle éprouvoit, les risques qu'elle couroit de perdre les vrais élémens de la doctrine, l'inquiétoient trop pour qu'il pût rester plus long-tems dans l'exil d'une terre étrangère. Il prit plus d'une fois la résolution de revenir; mais les efforts de ses amis pour le retenir, les regrets qu'il laissoit à Bruxelles, les troubles de la Capitale suspendoient son départ. Enfin, s'élevant au-dessus d'une timide prudence, et cédant à ses propres sentimens, après une absence de six mois, il est revenu à Paris au milieu des siens, bien disposé à ne plus s'en séparer, quels que soient les événemens.

Les personnes vertueuses ont béni son retour; le peuple qui l'aime, s'en est applaudi; et les partisans outrés de la révolution, revenus d'une haine mal fondée, n'ont conçu aucune alarme de sa présence. Borné à des devoirs intérieurs, il n'a presque jamais paru dans des cérémonies publiques, évitant de fournir aux agitateurs, des prétextes de persécution contre les catholiques. Néanmoins le jour de S. Sulpice de cette année , cédant à des invitations pressantes , et à un mouvement particulier de piété, il alla donner le Salut au petit Calvaire de la rue Vaugirard. De jeunes étourdis , entrant dans l'église, y poussèrent des clameurs insolentes, et insultèrent des femmes qui en sortoient. Un officier de Marine, M. de la Vieuville , indigné de ces affronts, fut obligé de mettre l'épée à la main, pour protéger les personnes outragées.

M. le curé sortit de l'église , entouré d'honnêtes citoyens , au milieu desquels il rentra chez lui , sans avoir éprouvé aucune insulte. C'est-là la seule fonction publique qu'il s'est permise. Mais son zèle n'a pas été pour cela inactif, et voulant suppléer au silence forcé auquel la loi le réduit, il a publié *diverses instructions* sur les principes fondamentaux de la foi, sur les grandes bases de la religion : il y a répandu cette onction qui touche et intéresse, cette chaîne de preuves qui entraînent, ce poids d'autorités qui fixent tous les doutes et terrassent la mauvaise foi. Il s'est attaché surtout à y mettre cette simplicité de raisonnement, à portée des esprits les plus ordinaires, et qui plaît encore aux génies les plus élevés; simplicité plus difficile peut-être que la fastueuse éloquence , et qui a de bien plus grands succès sur les cœurs.

Du reste, dans ces instructions, M. le curé s'abstenant de parler des affaires présentes, s'est borné à inviter ses paroissiens à la soumission aux loix et aux magistratures.

« Nous vous recommandons, leur dit-il,
« nous vous recommandons le respect pour
« les magistrats de tous les rangs, et l'obéis-
« sance à leurs ordonnances. Dans quelques
« mains que se trouve l'autorité, n'oublions
« pas qu'elle vient de Dieu, comme de sa
« source, et que résister à l'autorité, c'est
« résister à Dieu même ».

Cette citation prouve assez, que M. le curé n'a jamais usé de son influence, que pour inspirer la paix et l'amour de l'ordre. Mais c'est peu pour lui d'éclairer ses paroissiens, il les soutient, les console, les visite, quand sa présence peut leur être utile. Quelle activité pour soulager les malheureux, et quel tendre regret de n'avoir pas toujours les moyens de le faire ! Quel calme au milieu des trames et des dénonciations dont il est menacé, et qui ne peuvent l'écarter en rien de la ligne de ses devoirs ! Quel oubli de lui-même, quel courage dans les veilles, quand il s'agit de suivre les derniers momens des malades, et de distribuer les divers secours de la religion, secours dont aucune autorité ne peut supprimer le pacifique exercice, et qu'il administrera malgré les clameurs des factieux et de quelques clubs, écoles d'athéisme.

Un émissaire de ces intolérans se présente chez lui, pour le consulter sur la manière

E 2

dont un catholique devoit se comporter re-
lativement à la forme qu'on peut donner aux
actes de mariages et de baptêmes, quand
on ne veut point s'adresser aux ministres
constitutionnels. M. le curé, trompé par
l'ingénuité masquée de cet homme, lui fait
part de ses principes avec cette franchise
qui ne dissimule rien. L'envoyé délateur
se rend à l'instant chez un des membres
de la municipalité, et lui rapporte tout ce
que M. le curé vient de lui dire. La municipalité croit devoir en instruire le département, afin d'user de moyens repressifs.
Mais le département, loin de blâmer M. le
curé, l'approuve hautement, en faisant sentir aux officiers municipaux, qu'ils violent
la liberté des cultes. Il faut rendre ici au
département cette justice, qu'il a montré à
l'égard des insermentés, une conduite con-
séquente aux principes décrétés, principes
que la municipalité, au contraire, a presque
toujours méconnus.

De l'aveu des premiers magistrats, M. le
curé peut donc remplir toute la partie de
ses fonctions, qui ne trouble point l'ordre
public. Mais quand même on voudroit s'y
opposer, quelle force peut détruire ce qui
est du ressort de la conscience, et l'intime
épanchement de l'ame? Qui peut lui interdire d'admettre chez lui, ses paroissiens comme
ses amis, et d'aller également leur rendre
visite? Les protestans et les juifs vont bien
consulter leurs ministres, leurs rabbins; ils

les appellent bien chez eux, sans que les clubs y mettent obstacle.... Oui, on ira toujours chez M. le curé de Saint-Sulpice pour y éclairer ses doutes, ranimer ses sentimens abattus, et retrouver dans des manières simples et naturelles, la vertu aimable et persuasive. Les grands, les bourgeois et des citoyens de toutes les classes n'interrompront point leurs rapports avec lui, sûrs d'en être toujours accueillis avec une égale effusion de sentiment. Père de la grande famille, tous ses enfans partagent sa tendresse, et les cadets lui sont aussi chers que les ainés. Tous furent l'objet de sa sollicitude dans les tems prospères, il s'en occupe encore dans les jours fâcheux, et tel il sera jusqu'à son dernier soupir pour ses concitoyens même les plus égarés.

Je ne citerai en preuve que le trait suivant, parmi plusieurs que je sais, et un plus grand nombre que j'ignore.

Deux commissaires de section chargés de faire une quête dans l'arrondissement, se présentent dans la maison qu'habite M. le curé de St. Sulpice, et lui disent : « nous venons,
» M. LE CURÉ ; solliciter votre générosité
» pour les pauvres de votre paroisse, qui
» souffrent beaucoup depuis que vous n'en
» êtes plus chargés. -- Messieurs, répond
» M. le curé, je suis bien aise que vous me
» reconnoissiez encore pour votre pasteur,
» et que vous m'accordiez la qualité que la
» violence a cru m'enlever.-- Oui, Mr., vous

» êtes toujours notre vrai curé. -- Les pau-
» vres de St. Sulpice me seront toujours
» chers. Voici mon porte-feuille, prenez ce
» que vous jugerez à propos. -- Nous ne pou-
» vons l'accepter : nous recevrons avec re-
» connoissance ce que vous voudrez bien
» nous donner. -- Messieurs, puisque vous
» êtes si délicats, veuillez donc bien accep-
» ter un assignat de 600 liv. -- Nous vous
» remercions bien sincèrement, M. le curé;
» nous allons vous remettre un reçu signé de
» M. Poiré, curé à St. Sulpice. -- Dispensez-
» moi de prendre ce reçu. Je ne saurois re-
» connoître la signature qu'il porte. M. Poiré
» peut m'avoir remplacé aux yeux de la loi,
» mais non pas aux yeux de la religion : il
» a été l'instrument d'un parti. Je n'ai d'ail-
» leurs contre lui ni haine, ni aigreur. Si
» même le hasard faisoit que je rentrasse
» dans ma place, et que je pusse lui être
» utile, je le ferois avec empressement.
» Voilà, messieurs, ce que je pense, et je
» vous prie de le lui exprimer. » Les deux
commissaires se retirent pénétrés de tous les
sentimens qu'inspire la vertu généreuse, et
l'un d'eux disoit : « Il faudroit baiser les tra-
» ces de cet homme-là. »

Ainsi dans les grandes calamités, le ciel,
lors même qu'il paroît d'airain, envoie aux
hommes des génies bienfaisans. Nous croyons
qu'il nous abandonne et cesse de veiller
sur nos destins ; regardons près de nous, il

est tout entier dans l'homme de bien , le vrai représentant de Dieu sur la terre.

———

D'après l'exposé , que je viens de donner, des divers événemens arrivés au clergé d'une portion considérable de la capitale , je ne sais ce que la postérité pensera des excès, auxquels s'est livrée la majorité de la nation Françoise, envers des prêtres paisibles occuppés de fonctions toutes bienfaisantes , et de la connivence de la force publique avec les magistrats, pour tolérer ces excès; tandis que les protestans, ces anciens ennemis de la France, réunis à St. Louis du Louvre, sous l'égide de la loi, y chantoient solemnellement leurs cantiques.

Comment à une époque de tolérance universelle , s'est-on permis tant d'intolérance ? Quelle ingrate et stupide frénésie s'est donc emparée du cœur de ce peuple, qu'on dit si *bon* ? Comment a-t-il pu mieux traiter les dissidens, que les catholiques ses frères, et les ministres de Calvin que les apôtres de la foi.

On lui a persuadé à ce peuple, que dans les églises ouvertes aux prêtres insermentés, on se réunissoit au nom du ciel pour y conspirer contre la liberté. Mais dans quelle église, les catholiques ont-ils donc tenu de pareils synodes et discuté des conjurations ? Pourquoi n'en dévoile-t-on pas le plan et la

trame? Pourquoi tarder tant à juger les coupables et à les envoyer à l'échafaud?.....
C'est que toutes ces conspirations des prêtres
ne sont que comme des aërostats jettés en
l'air , pour distraire le peuple des véritables
complots qui se trament à ses côtés , et
par lesquels ses perfides amis achevent sa
ruine et celle de l'état. Ce sont les traîtres
qui crient à la trahison.

On ne cesse de répéter au peuple que le
clergé catholique est *ennemi* de la nouvelle
constitution, et sur-tout de la religion constitutionnelle. Il n'en est pas l'ennemi ; seulement il la désapprouve. Et de quel droit
veut-on lui demander compte de ses opinions,
quand elles sont libres par cette même constitution ? Il suffit que ses démarches , que
ses actions soient conformes aux loix ; si
quelques membres du clergé s'éloignent du
respect qui leur est dû, qu'on les punisse ,
le clergé les désavoue , les abandonne. Il
prêchoit dans son berceau la soumission aux
tyrans , il la prêchera aussi envers l'assemblée nationale.

Quant à la constitution civile du clergé ,
l'église catholique est loin en effet d'en être
le partisan. Mais toutes les religions et sur-
tout les fausses et la vraie , rivalisent ainsi
parce qu'il ne peut y avoir entre elles ,
comme en politique , des accommode-
mens, Il suffit pour l'état que cette rivalité
ne soit qu'une opposition de dogmes , non

d'individus; et sans être d'accord, on peut être aussi toujours en paix. Il suffit que les religions diverses ne se combattent point dans leurs pratiques, et je n'ai point vu que les catholiques allassent dans les églises constitutionnelles, en injurier les prêtres, en renverser les images, ou en troubler les cérémonies. C'est là tout ce qu'on peut exiger. Prescrire une profession de foi envers cette religion, c'est une folie politique, digne de l'inquisition sous Philippe II. Croit-on que la religion Juive et la protestante, ne détestent pas la constitutionnelle? On ne les traite pourtant pas en ennemies; au contraire on les appelle, on les accueille : qu'on supporte au moins la catholique.

Si le culte est une occasion de troubles, c'est depuis les changemens hétérodoxes qu'il a subis. Mais à qui en est la faute? Au clergé ou à l'assemblée constituante? Aux prêtres ou aux différens directoires? Qu'on parcoure les relations des départemens, on verra que c'est dans ceux, où l'on se plaint le plus des prêtres catholiques, qu'on est le plus ardent à les opprimer, à les torturer : les vexations arbitraires sont donc les premières causes des désordres. Les opprimés résistent à l'oppression; et comment veut-on que l'enlévement, l'exil, l'incarcération de tant de citoyens qui tiennent à la société par mille liens, ne provoquent pas en leur faveur des mouvemens puissans, des oscillations nombreuses?

A Paris, la ville du royaume qui contient le plus d'ecclésiastiques, mais où la liberté des cultes est beaucoup plus réelle que dans les autres départemens, la religion n'excite depuis plusieurs mois, aucune fermentation. Qu'on étende la même tolérance aux cantons les plus aigris par les divisions religieuses ; qu'on cesse à Nantes de soumettre les prêtres à une sorte d'appel militaire, qu'on ouvre la maison de force où on les tient entassés à Brest, et les discordes viendront mourir aux pieds des autels.

Mais les anxiétés, les alarmes, les remords de ceux qui ont acquis les biens du clergé, et qui ne croiront leur jouissance assurée, que par la disparution totale ; mais les menées de ceux qui systématiquement ont entrepris la radiation de toute religion ; mais la fievre effervescente des *sociétés des amis de la constitution*, cette haine inquiete et convulsive qui en fait le foyer des passions les plus tyranniques ; ce besoin de nuire qui se promene tour à tour sur la royauté, les grands, les ministres, les généraux, et qui finit toujours par s'arrêter sur le clergé comme sur une proie facile et débonnaire : toute cette complication de vices, de fureurs, d'intérêts et de systêmes pervers, empêchera que jamais dans l'ordre présent on adopte des tempéramens pacifiques : et que le clergé constitutionnel s'y attende ; il aura son tour bien plutôt qu'il ne pense, sans qu'on puisse prévoir quel genre de courage, ou quel poids de raison , il opposera à des ennemis , qui lui ayant donné l'être , connoissent toute la turpitude de sa naissance.

Un des motifs de persécution contre l'ancien clergé , motif que l'on pouvoit bien soupçonner , mais qui n'avoit jamais été clairement énoncé , vient d'être mis au jour à la tribune de l'assemblée , dans la franchise de la déclamation. « Je crois a dit » M. le Cointre , député , que la présence » des prêtres non assermentés , *lorsqu'ils* » *ne font rien* , est dangereuse : ils ont tou- » jours un extérieur de morale et de vertus » chrétiennes qui leur fait des partisans. » -- LORSQU'ILS NE FONT RIEN , Quel mot ! En trouveroit-on beaucoup de semblables dans les annales des tyrans ? Comment les prêtres catholiques pourront-ils échapper au glaive vacillant sur leurs têtes , si coupables quand ils agissent , ils le sont encore par leur inaction ! Abjure-t-on la honte au point d'opposer comme délit suffisant , *un extérieur de morale et de vertus chrétiennes* !-- Oui, le parti en est pris , le corps du clergé a péri ; il faut que les membres périssent , et au défaut de crimes , on les condamnera sur leurs vertus, qui sont plus redoutables encore. Voilà tout le secret d'un parti trop connu , et dans cet homicide plan , il n'est que trop secondé par nos législateurs , par certains magistrats , et sur-tout par les prêtres constitutionnels, qui pour affermir leur crédit mal assuré sur les consciences, invoquent la proscription sur des rivaux qu'ils ne peuvent décourager. De cette haine persécutrice des prêtres jureurs, naît une grande partie des troubles de l'état. Quels désordres n'a pas excité l'intolérance de l'évêque Grégoire? Le tribunal de Bayeux n'a-t-il pas été obligé de décréter l'évêque Fauchet, comme un missionnaire de discorde? Quoi de plus fanatique, de plus propre à agiter la conscience du peuple, que les délires inspirés d'une demoiselle *Labrousse*, poussée par l'évêque constitutionnel de Périgueux, à aller à Rome pour y convertir le pape *tombé en hérésie*; voyage dont la pauvre visionnaire gémit peut-être déja dans quelque cellule du saint-office.

Les ennemis du clergé disent que les prêtres catholiques en avouant pour chef un souverain étranger, le pape, rompent le pacte social, et ne doivent plus être regardés que comme des étrangers.... Mais avant la révolution, le clergé de France reconnoissoit la suprématie *spirituelle* du pape, et n'en étoit pas moins citoyen. Les François laïques, les Autrichiens, les Espagnols, les Napolitains et autres peuples catholiques qui admettent cette jurisdiction, ne sont-ils donc pas citoyens de leur patrie? La supériorité accordée au pape en matière de religion, n'étant point en contact avec les loix légitimes de l'état et de la société, je ne vois point comment elle leur seroit opposée. Il y a plus, c'est qu'au moyen de nos anciennes *libertés*, et de la vérification provisoire des bulles, on peut dire qu'il n'y avoit point de nation plus indépendante du pape que la nôtre. L'influence politique de Rome a pu être funeste au repos de l'Europe dans des siècles déja éloignés : mais aujourd'hui elle est tellement circonscrite, qu'on ne peut affecter de la craindre, que par une grande ignorance de la diplomatie, ou une profonde haine de la religion. On s'est emparé d'Avignon, en faisant massacrer les habitans les uns par les autres. Quelle résistance a fait le pape ? On a trouvé mauvais qu'il réclamât l'intervention des couronnes, et s'exhalât en plaintes contre les usurpateurs. Mais de bonne foi, celui qui est dépouillé n'a-t-il donc pas le droit d'invoquer les puissances garantes de sa propriété ? Le pape a rendu plusieurs brefs contre la théorie du culte constitutionnel ; mais il le devoit comme inspecteur universel de la doctrine, et la modération que respirent ces arrêts uniquement comminatoires, auroit dû seule réconcilier avec Rome ses plus ardens détracteurs.

On répéte encore sans cesse, et c'est là le grand, l'implacable reproche, que le clergé est *réfractaire à la loi du serment*, et que la loi doit le traiter comme *rebelle*.

L'abbé Syeyes est le premier qui, dans l'assemblée nationale, ait traité de *réfractaires* les prêtres insermentés : le directoire du département adopta cette expression dans une adresse au roi, et de là se propageant jusques chez le peuple, elle est devenue une dénomination insultante, un cri de guerre contre tous les ecclésiastiques insermentés, malgré ce qu'a pu dire même l'un des fondateurs de la nouvelle église, l'évêque d'Autun (*Taleyrand*), qui dans un rapport fait à l'assemblée le 7 mai 1791, s'est exprimé ainsi : « Le refus du serment ne rend pas un » prêtre *réfractaire*, mais seulement inhabile à exercer les fonctions payées par la loi. »

En effet, on n'est ni réfractaire au serment, ni rebelle à la loi, en ne faisant pas ce que la loi n'a point ordonné. Or la loi du serment ecclésiastique n'a jamais été obligatoire, que pour les prêtres payés par l'état et les fonctionnaires publics. -- On n'a jamais songé à exiger le serment des ministres protestans ; on ne peut l'exiger davantage des prêtres catholiques Romains. N'ayant plus de rang dans l'état, on ne sauroit les astreindre qu'au serment des simples citoyens, qui est *la soumission et le respect pour la constitution politique*, et ils ne s'y refusent pas. Sur les bords de la Tamise, ils respectent les bils du parlement, ainsi qu'à Constantinople, ils exécutent les firmans du grand Seigneur ; mais les chrétiens de Pera ne sont astreints qu'à cette observance civile, et.

l'exercice de leur culte n'est point entravé par les sermens musulmans.

Si la constitution civile du clergé n'est pas la règle des prêtres catholiques, et s'ils méconnoissent la jurisdiction des nouveaux évêques, les ministres protestans en agissent ainsi eux-mêmes, sans qu'on passe en revue dans l'assemblée nationale, toutes les variétés de peines et de tourmens, par lesquels on pourra molester leur foi.

Mais que peut-on donc faire aux prêtres catholiques, et voyons si pour avoir tout à craindre, ils ont tant à redouter ?

Les soumettra-t-on à un serment contraire à leur conscience ? Ils ne le feront pas. Les dépouillera-t-on de leurs pensions ? Ils en feront le sacrifice.

Les chassera-t-on de leurs églises ? Ils se réfugieront dans les oratoires domestiques, et si on viole ces asyles sacrés, le peuple fidèle se creusera des catacombes, se rassemblera sous les voûtes des forêts, ou dans les ravins des montagnes, et à son tour il ira au *désert*.

Jettera-t-on les prêtres dans les cachots ? Du fond de ces cachots, ils correspondront avec les catholiques qui viendront baiser leurs fers.

Foulant aux pieds les principes de tout gouvernement libre, les bannira - t - on de l'empire, ou les *déportera-t-on* comme des malfaiteurs dans une autre Botany-Bay ? Mais ils rentreront tôt ou tard dans l'empire malgré leurs tyrans ; parce qu'aucune autorité humaine, aucune violence ne peut les séparer de ceux qui leur furent confiés. Ils échapperont par leur travestissement et le secret de leur retraite, à cet acte monstrueux qui manque au règne des Phalaris ; ou plutôt tout travestissement est indigne d'eux, ils se montreront fiérement dans leurs habits, et braveront d'implacables rigueurs.

Les conduira-t-on à l'échafaud ? Mais si nos despotes croient, ou feignent de croire, qu'il est *si doux* de mourir pour la liberté, qu'ils sachent qu'il est encore plus doux de mourir pour la religion.

Que résultera - t - il de cette persécution Dioclétienne ? Deux millions de catholiques iront porter à l'étranger le plus pur du sang et des trésors de la France. Et qu'on ne regarde pas ceci comme une déclamation ; car ce parti déja exécuté par plusieurs, est préparé par un plus grand nombre, qui n'attendent que le moment de savoir *définitivement,* si le culte public ne peut plus être désormais exercé que par les sectaires et les prêtres constitutionnels, ces usurpateurs aveugles, qui, pour s'établir dans l'église, n'ont pas balancé à en ruiner l'édifice, et à s'y introduire par la brêche, ne pouvant y entrer par le vestibule.

C'est bien maintenant que les catholiques peuvent dire à ces nouveaux venus, à ces
hommes

hommes *d'hier* : Non, non, c'est en vain
» que vous prétendez être de notre religion,
» nous ne sommes pas de la vôtre.

» Nous ne sommes point d'une religion per-
» sécutrice et sans charité, qui approuve
» l'expoliation des églises et l'expulsion de
» ses ministres. Nous sommes de la religion
» des Pauls, des Ignaces, des Irenées, des
» Théodoses, et vous êtes de la religion des
» Juliens, des Crammer, de celle des no-
» vateurs.

» Nous ne sommes point d'une religion qui
» prête son culte aux cérémonies les plus im-
» morales, qui déifie les vertus purement
» civiles, et qui ensevelit près des saints les
» cendres de ceux qui les blasphémerent.
» Nous ne sommes point d'une religion qui
» prêche l'insurrection, en exerçant le des-
» potisme, et qui trouve dans le travestisse-
» ment de l'évangile, des textes pour tous les
» excès.

» Nous ne sommes point d'une religion
» qui a perdu les caractères de la vraie. Elle
» n'est plus L'APOSTOLIQUE, puisque par
» les élections faites du vivant des légitimes
» pasteurs, vous avez rompu la chaîne des
» pontifes, qui par succession immédiate,
» remontoient aux apôtres.

» Elle n'est plus LA ROMAINE : car Rome
» n'est plus pour vous le centre de l'unité.
» Vous méconnoissez les sentences de la chaire
» de S. Pierre. Son successeur n'est plus votre

F

» chef, et vos pasteurs étendent jusqu'à lui
» le rêve de l'egalité.

» Votre église n'est plus la CATHOLIQUE:
» car elle rejette et dissout les vœux faits à
» l'être suprême ; elle ne regarde le mariage
» que comme un contrat civil, dissoluble
» au gré des parties, tandis qu'il est à nos
» yeux un contrat inviolable, élevé par J. C.
» à la dignité de sacrement, et dont les
» prêtres, en qualité de ministres et de té-
» moins, ne peuvent être exclus.

» Voilà ce qui différencie la nouvelle re-
» ligion de la nôtre, et comme dit le souve-
» rain pontife dans son dernier bref commi-
» natoire aux nouveaux évêques ; *par cela*
» *même que vous vous dites des évéques*
» *constitutionnels, vous n'êtes plus des*
» *évéques catholiques.* »

Si de la comparaison des dogmes, on passe
au parallele des personnes, on appréciera
les inculpations faites à l'ancien clergé par
les créateurs du nouveau, inculpations accré-
ditées avec art chez le peuple, car c'est toujours lui qu'on se plaît à égarer, parce qu'il
est un instrument docile et nécessaire. On
a donc reproché à l'ancienne prélature, le défaut de mœurs et ses profusions.

Quelques membres du clergé eurent des
foiblesses, il est vrai, mais ce furent les foiblesses de l'humanité, et la majeure partie
resta saine.

Le clergé se permit quelques profusions, mais le rang qu'il tenoit dans l'état l'y obligérent quelquefois, et ces profusions de luxe furent souvent rachetées par des profusions de charité.

Le clergé eut des vices, soit ; mais il n'en fit jamais l'apologie et ne pressa point les loix de les sanctionner. Il ne sollicita pas importunément, l'abolition du célibat des prêtres. Aucun de ses membres ne se maria publiquement ; et si sa conduite cessa d'être exemplaire, au moins sa morale fut-elle toujours sévère, inflexible, et le peuple n'eut-il qu'à s'applaudir de ses conseils.

Que les vrais fidèles prononcent donc entre les anciens pasteurs et les intrus. Mais ils n'ont que trop souvent prononcé, exprimé leur impartial jugement ; et c'est sous ce jugement que nous laissons le nouveau clergé, ainsi que sous celui de l'église, plus foudroyant encore ; et ce jugement déposé dans ses archives, servira à jamais de pièce de conviction contre l'erreur, comme il servira tôt ou tard, de base au triomphe de la religion catholique.

Vous, donc, qui paroissez craindre que la croyance de vos pères, ne soit entraînée dans le torrent des destructions, rassurez-vous. Les inventions humaines périssent ; ce qui est divin, vit autant que Dieu.

Les atteintes des gouvernemens ne sont que passagères : bientôt une fatale expérience leur fait sentir que la religion leur fournit un supplément d'autorité, qu'aucune force humaine ne sauroit remplacer. La philosophie spéculative qui régit l'empire, après s'être égarée dans d'impraticables abstractions, et avoir essayé de rompre les communications entre le ciel et la terre, éprouve déja la nécessité de les rétablir, en instituant des espèces d'apothéoses, mélange bizarre de tous les cultes, comme de toutes les décorations.

La religion est privée en ce moment, il est vrai, de sa pompe ancienne; mais la pompe de la religion n'est pas la religion. Les ministres et les adorateurs fidèles sont persécutés; mais les persécutions sont amies de la religion. Elle s'enrichit de conquêtes alors qu'on la dépouille, s'étend par les entraves dont on l'entoure, et gagne bientôt plus de prosélytes, qu'elle n'a éprouvé de désertions.

Dans un tems où l'honneur, la raison, la sagesse, où l'amour pour son roi sont de vains préjugés, l'impiété appellera aussi la religion un *préjugé*. Eh! bien, chérissez toujours un préjugé né avec l'univers, fortifié par le poids des siècles, par l'attachement de mille peuples, la confirmation des plus imposans oracles et la sanction d'un Dieu.

Chérissez un préjugé, objet des victorieuses controverses des Augustin, des Bossuet; des méditations profondes des Pascal, des Nicole, des affectueux élancemens des Thérèse, des Fénélon, et qui soutient le Trapiste solitaire au milieu des exercices de sa longue et laborieuse mort.

Chérissez un préjugé qui offre un appui à la morale et à l'ambition de la vertu; qui laisse à l'homme des impressions si honnêtes, si sublimes, des émotions toujours neuves et toujours croissantes; tandis que les plaisirs terrestres usent l'ame sans la satifaire et la jettent dans un vuide sans bornes.

Chérissez un heureux préjugé qui remédie à tout. Quand votre corps, déchiré par la douleur, ne reçoit plus de secours de l'art; quand votre esprit est attristé, et que la consolation est un surcroît d'ennui; quand tout ce qui vous entoure, chancelle ou est suspect, quand la patrie est ensanglantée par la guerre et déchirée par les factions; quand votre vie appartient à l'assassin et votre fortune aux déprédateurs; que vous reste-t-il?.... LA RELIGION. Alors, détournant vos regards souillés du spectacle de la terre, vous les élevez vers ce séjour de paix, d'où le régulateur suprême et immuable, tenant dans ses mains les fils de l'univers, nous dispense mille biens que nous nous hâtons de corrompre par mille maux.

Non, la religion tient de trop près à l'existence de l'homme, pour qu'il y renonce jamais entiérement. On fait bien le sacrifice de son plaisir, mais non pas de sa félicité ; on se refuse aux besoins des sens, mais non pas aux besoins d'un cœur qui appelle l'immortalité. La religion vivra tant qu'il restera un seul exemplaire de l'évangile, tant qu'il y aura parmi les hommes de la raison, de la vertu, des peines et des douleurs ; tant que les saisons couvriront la terre de leurs présens, et que les étoiles, *cette armée du très-haut*, fourniront avec harmonie leurs courses séculaires.

La religion subsistera enfin tant que le soleil, s'élançant à l'horison, nous échauffera de ses feux et embellira le monde. Autour de son disque flamboyant, sont écrits pour tous les yeux, ces impérissables mots :

MORTELS, IL EST UN DIEU ;

ADOREZ SA PUISSANCE.

Je terminerai cette série de réflexions par un coup-d'œil sur le décret de déportation des prêtres catholiques ; dont la rigueur est motivée sur ce qu'ils excitent des troubles dans l'état, se détachent de la société en reconnoissant pour chef un souverain étranger, le pape, et sur ce qu'enfin ils refusent de prêter le serment.

J'ai démontré le vuide, le néant de ces différens chefs d'accusation ; analysons maintenant les principes et les dispositions du décret.

La déportation étoit égale chez les Romains à la condamnation à perpétuité aux travaux publics. Les déportés étoient flétris dans la société et morts civilement.

Les Russes déportent en Sibérie *les criminels d'état.*

Les Anglois conduisent, dans l'isle de Botany-Bay, certains coupables *jugés à mort,* et cette commutation de peine, échange du dernier supplice, est utile à l'état et au criminel.

L'ancien gouvernement françois envoyoit quelquefois dans ses colonies, les sujets déshonorés par leur conduite ou quelque infamie.

On voit par ces détails, que la déportation est un châtiment sévère, toujours appliqué aux grands crimes, et on peut juger encore, qu'elle n'a lieu que d'une province à une autre du même empire.

Cette conduite est fondée sur le droit des gens ; car il n'est pas permis de transporter chez d'autres nations, ceux qu'on regarde comme *des séditieux, des perturbateurs publics.* Néanmoins le décret de déportation porte, que les prêtres insermentés qui ne voudront pas s'expatrier volontairement, seront conduits de brigade en brigade, jusqu'aux frontières. Nos voisins, en plaignant les individus opprimés, en leur donnant, même avec intérêt, l'hospitalité, ne s'en regarderoient pas moins comme lésés dans la souveraineté de leur territoire.

On se rappelle que vingt-cinq negres suspects, de Saint-Domingue, ayant été déposés, il y a six mois, dans un établissement anglois, le gouverneur de la Jamaïque fit à l'instant les plaintes les plus énergiques. Le commandant du Cap rejetta la faute sur le capitaine du vaisseau de transport, celui-ci sur son équipage, et les negres furent renvoyés à S. Domingue.

Mais, si dans son exécution, le décret de déportation est contraire *au droit des gens*; dans ses dispositions il viole toute la constitution. Elle dit:

« Il est des droits naturels, inaliénables
« et sacrés de l'homme..... Ces droits sont:
« la LIBERTÉ, la PROPRIÉTÉ, la SURETÉ.

« La loi doit être la même pour tous,
« soit qu'elle protège ou qu'elle punisse.

« En matière criminelle, nul citoyen ne
« peut être jugé que sur une accusation
« reçue par les jurés.... l'application de la
« loi doit être faite par les juges.

Passons aux formes des jugemens de police, puisque la déportation lui est abandonnée, comme une mesure de son ressort.

« La police correctionnelle doit s'exercer
« par un tribunal composé de trois, de six
« ou même de neuf juges de paix.

« Le prévenu doit être interrogé; les té-
« moins pour et contre, assermentés et en-
« tendus en sa présence; les reproches et
« les défenses proposés.

« Parmi les objets de la police correc-
« tionnelle sont les troubles apportés à l'or-
« dre social et à la tranquillité publique.

« Les peines correctionnelles sont 1°. l'a-
« mende, qui ne pourra excéder 5oo livres ;
« 2°. l'emprisonnement, qui ne pourra ex-
« céder un an ».

La constitution « ne donne aux adminis-
« trateurs (de districts et de départemens)
« aucun caractère de représentation. Elle
« déclare qu'ils ne sont que des agens élus
« à tems ».

Tous ces textes frappent évidemment de
nullité, le décret sur la déportation dans ses
diverses dispositions. On se demande comment ceux qui ont juré de maintenir la constitution ou DE MOURIR, ont pu attenter
à ce qu'elle avoit de plus précis, de plus
prononcé; à la liberté des personnes, des
opinions et des cultes; comment ils ont pu,
enlevant aux jurés leurs fonctions, trans-
férer à des directoires, le droit de juger
sans enquête contradictoire, sans appel
comme sans délai; comment, distinguant
le citoyen du citoyen, ils ont pu faire pour
les uns, une loi pénale qui n'existe pas pour
les autres, et n'envisager, que comme simple mesure de police, le bannissement per-
pétuel hors du royaume; tandis que les peines de la police correctionnelle se bornent
à l'amende et à l'emprisonnement.

Je sais que, pour justifier ces atteintes
à la constitution, on a dit dans l'assemblée

que les crimes des ecclésiastiques *étant d'une nature toute particulière*, on ne pouvoit pas suivre pour eux les voies ordinaires. Il est incontestable que des crimes si secrets, si bien déguisés, qu'on n'a pu encore les prouver, sont d'une nature toute particulière. Avec une pareille allégation, on pourroit tout détruire, tout renverser, et se jouer des loix les plus sacrées!

Quelle immoralité et quelle barbarie dans les articles du décret! Quel champ il offre aux délateurs? Quel appas pour la vengeance et les haines! Quoi! on abandonne à vingt citoyens coalisés, à vingt scélérats, peut-être, le repos, la santé, la dernière ombre de bonheur de tant de François, nos frères, nos parens; et la déportation en sera faite, sans leur assurer même une pension alimentaire, qui les mette à l'abri de la honte de la mendicité; car le décret accorde bien *trois livres* par journée, jusqu'aux frontières, mais ne parle d'aucun secours ultérieur.

S'il y a là un oubli cruel, quelle ingénieuse prévoyance d'autre part! Dans les provinces où le directoire du département est équitable et sensible, le district peut sans lui, malgré lui, faire déporter les prêtres; et si le district au contraire est humain, ou connoît les bornes de son pouvoir, on laisse au département le soin de sévir suivant toute la rigueur de ses principes et de ses passions. Ainsi les ecclésiastiques infailliblement frappés, ont toute la certitude de leur malheureux sort. Quel code, grand Dieu ! Nos législateurs n'ont-ils donc des entrailles que pour les meurtriers de Desilles et les décrétés d'Avignon, les Jourdan, les Tournal, les Duprat ?... Des prêtres voués depuis deux ans à toutes les peines, sont-ils moins dignes de pitié que ces hommes de sang ? Que diroient donc les étrangers, et quelle idée se formeroient-ils du peuple françois *régénéré*, s'ils voyoient ces malheureux proscrits, errer dans leurs villes, pâles, défaits, couverts de lambeaux, et solliciter, d'une main tremblante, d'humilians secours ?

« Quoi ! s'écrieroient-ils : ce sont là les
« fruits de la liberté nouvelle, de cet arbre
« si vanté, si multiplié, et dont on veut
« étendre les rameaux sur tout l'univers ?
« Ah ! périssent l'arbre et les fruits ! péris-
« sent ses cultivateurs sous la foudre des
« rois et le fer des guerriers » !

Enfin le décret de déportation des prêtres est évidemment celui de la déportation de la religion catholique elle même ; on veut l'effacer de la surface de la France, et c'est avec si peu de ménagement qu'on ne peut en douter. Six mois après la sanction du décret, le culte catholique seroit sans églises, sans ministres, sans exercice extérieur quelconque, et le vrai Dieu n'auroit pas d'autre asyle que les cœurs vertueux. Le descendant de Clovis se verroit aussi privé de son clergé et des pratiques sacrées , sa force, sa grandeur, au milieu des sicaires.

Le dernier et fatal résultat de cette expulsion des prêtres et de la religion, seroit , comme je l'ai déja dit, l'émigration absolue de deux millions de catholiques , qui emportant leurs fortunes, iroient sous un ciel étranger, cultiver en paix la croyance de leurs peres. Quelle plaie pour l'état ! Si la morale de nos législateurs sommeille , que leur politique au moins s'éveille sur les pertes instantes de la patrie !

Louis XVI sanctionnera-t-il le décret de déportation ? Il s'est expliqué. Le VETO salutaire est lancé : il ne le retirera pas. Le roi pouvoit-il donc vouloir ce qui détruit les élémens de la constitution qui nous régit en ce moment ? Pouvoit-il vouloir ce qui est attentatoire à l'humanité et au droit des gens ; ce qui est souverainement impolitique , et plus capable d'attiser les troubles que de les éteindre ? Pouvoit-il signer l'abolition du culte de Charlemagne , l'émigration de tous les vrais catholiques et la proscription de cent mille François ?

En vain pour lui arracher sa sanction , le ministre Roland , *qui paroissoit être si bien dans les secrets de l'avenir*, le menaçoit du peuple, en lui disant : « Sire, encore » quelques délais et le peuple croira voir » dans son roi, l'ami et le complice des cons- » pirateurs. Il n'est plus tems de temporiser ;

» la révolution ne s'acheveroit qu'avec du
» sang. ».... Du sang !.... Malheur au
peuple seul, s'il fait couler le sang! Les crimes du peuple ne sont pas les crimes du monarque.

Le roi n'est point *complice des conspirateurs* en frappant du *veto* constitutionnel,
des décrets funestes, qui bientôt anéanti-
roient la liberté publique et particulière :
mais il seroit leur complice, si coalisant ses
vertus avec les fureurs des clubs, et leur aban-
donnant les victimes qu'ils demandent, il
cherchoit ses devoirs dans leurs systemes,
et ses ministres dans leurs orateurs : si, con-
sentant à être le roi de l'anarchie plutôt que
le roi d'un gouvernement régulier, il devenoit le complaisant docile des tribunes, des
groupes et de ces rassemblemens impurs
qu'on honore du nom DE PEUPLE... Ah! ce
n'est pas là le peuple; ce n'en est que l'écu-
me..... Actif, laborieux et paisible, le vrai
peuple fixe dans les atteliers, exerce les arts
utiles; il féconde nos campagnes, prépare
les moissons, et ne quitte pas ses respecta-
bles labeurs, pour venir vociférer des forfaits
sur la terrasse des Feuillans, et emporter d'assaut le palais de ses maîtres..... S'il savoit
ce peuple honnête et idolâtre de son roi,
comme on abuse de son nom et de ses sentimens; comme on l'entache de ces affreux
excès; c'est alors qu'il se *leveroit* pour châ-
tier ces téméraires, qui ne se disent ses in-
terprêtes, que pour forcer le monarque à

des crimes : Il se *leveroit*, et frapperoit de sa colère ces imposteurs, sollicitant de sa part, la sanguinaire déportation des prêtres catholiques, tandis qu'en beaucoup de lieux, il les reconnoît seuls, et leur sert de défense.

Persistez, Sire, dans votre généreux refus. Ayez la constante énergie du bien, comme vous en avez le desir ; et les factieux, après vous avoir calomnié auprès du peuple, et calomnié le peuple auprès de vous ; après avoir voulu ébranler le trône, l'ensanglanter peut-être, se retireront poursuivis par vos vertus, et marqués du sceau de l'indignation publique.

O, journée du 20 juin !... Des sujets fidèles et sensibles n'y voient que la profanation du diadême et la désolante répétition du 6 octobre : pour moi, j'y vois sur-tout la gloire de Louis XVI. Il s'est retrouvé Roi au milieu des brigands, et son nouveau courage rend le courage aux François.

Ah ! si au lieu du foible talent d'écrire quelques lignes, j'avois celui de manier le pinceau ou le burin ; je transporterois dans un cadre immortel, Louis XVI élevé sur un gradin, appuyé d'une main sur l'épaule de M. le maréchal de Mouchy, de l'autre sur M. Acloque. A ses côtés deux grenadiers de la garde nationale ; tous quatre résolus de mourir pour le roi, mais avant le roi.

Je répandrois sur l'auguste front du monarque, la bonté, le calme, la fermeté, la magnanimité. Il seroit tel que St. Louis donnant audience aux *assassins* du Vieux de la Montagne.

Tout près de lui seroit une femme d'un port majestueux : dans ses regards se liroient la douleur, la tendresse, l'inquiétude ; elle auroit tous les traits de la vertu affligée, et ce seroit madame Elisabeth.

Devant le roi seroit une troupe confuse de figures atroces, de satellites conjurés, de gens sans aveu, de femmes débordées, les yeux enflammés et brandissant avec menaces, une forêt de piques, de haches, de fourches et de couperets.

Dans ce grouppe se distingueroient Marcel et Artavelle ; (1) Marcel applaudissant à l'heroïsme du peuple, et disant au monarque qu'il s'occupe de sa sûreté ; Artavelle lui présentant des cocardes et le bonnet effronté de la liberté.

On remarqueroit aussi les brêches faites à coups de haches, aux portes des appartemens; et la vue se prolongeant dans la salle des

---

(1) Tout le monde connoît la vie et la fin de Marcel, prevot de Paris, sous Jean le *Bon*.

Jacques Artavelle, fameux brasseur de bierre de la ville de Gand, fit révolter les habitans contre le comte de Flandre son souverain : mais le peuple revenu à lui, le massacra.

gardes, y découvriroit plusieurs canons régicides traînés par les factieux.

Au bas de mon tableau, on liroit :

SÉANCE ROYALE DU 20 JUIN 1792.

PAROLES DE LOUIS XVI.

JE ne puis sanctionner ces deux décrets : si je le faisois, ne diroit-on pas que je l'ai fait, parce que j'ai été forcé?

Voyez si c'est le mouvement d'un cœur qui palpite de crainte.

L'homme de bien à qui sa conscience ne reproche rien, n'a ni crainte, ni remords.

F I N.

9 782329 075808